ERICH GAISWINKLER
SPAZIERWEGE · WANDERUNGEN · BERGTOUREN
im
STEIRISCHEN SALZKAMMERGUT

rund um die Orte

ALTAUSSEE · BAD AUSSEE · GRUNDLSEE
PICHL-KAINISCH · BAD MITTERNDORF
TAUPLITZ/TAUPLITZALM

Neuauflage des bisherigen WANDERFÜHRERS STEIRISCHES SALZKAMMERGUT unter völliger Umgestaltung, Neutextierung und Erweiterung, in Zusammenarbeit mit dem Tourismusverband Salzkammergut/Stmk., der ÖAV-Sektion Bad Aussee, dem Touristenverein Naturfreunde TVN. Bad Aussee und dem Österr. Touristenverein ÖTV, Wien.

9. verbesserte und aktualisierte Auflage 1995.

Herausgeber:

Idee, Entwurf, Zusammenstellung, Text und Gestaltung, Vertrieb,
Copyright 1995 by **Erich und Monika Gaiswinkler, 8992 Altaussee, Fischerndorf**

Alle Rechte jeglicher Wiedergabe und Verbreitung, auch die des auszugsweisen Nachdrucks sowie der EDV-Speicherung sind vorbehalten.
Ausnahmeregelungen bedürfen der Schriftform.

Titelseite, Grimming: Pirker-Foto

Druck: Jost GesmbH. & Co., Liezen

Alle Angaben sind auf den Zeitpunkt der Herausgabe bezogen, jedoch ohne Gewähr des Herausgebers. Irrtum und Druckfehler in Abbildung, Text und Gehzeiten vorbehalten.

ISBN 3-95002331-3

Vor- und Zuname: _____

(Blockschrift) _____

Ständige Wohnanschrift:

Straße: _____ Hausnr.: _____

Postleitzahl: _____ Ort: _____

Stadt: _____

Urlaubsanschrift im Salzkammergut:

Hotel, Gasthof, Vermieter: _____

Sonstige Unterkunft: _____
(Ferienwohnung,
Campingplatz, etc.) _____

Gästekarte Nr.: _____

Wandernadel ausgefolgt: (Datum und Stempel der Ausgabestelle)

Bronze	
Silber	
Gold	
500-Punkte-Nadel für besonderen Wanderfleiß	
1000-Punkte-Nadel für besonderen Wanderfleiß	

Vorwort des Verfassers:

Liebe Spaziergänger, Wanderer, Bergsteiger, Gäste des Salzkammergutes!

Als ich vor mehr als zwanzig Jahren daran ging, eine Auswahl an Wander- und Spazierwegen, Ausflugsmöglichkeiten und Bergtouren neu aufzulisten und zu einer übersichtlichen Ordnung zusammenzustellen, ahnte noch niemand, welch unerwarteter Nachfrage damit Rechnung getragen wurde.
Mittlerweile sind bereits 8 Auflagen erschienen und weit über 30.000 Gäste und Liebhaber haben nach dem Büchlein gegriffen. Ich bin daher gerne der Einladung gefolgt, eine neunte, aktualisierte und verbesserte Auflage zu redigieren. Die darin vorgeschlagenen **Spazierwege, Wanderungen** und **Bergtouren** sind natürlich nur eine Auswahl eines dichtverzweigten Wegnetzes und erheben keinerlei Anspruch auf Vollständigkeit. Für weitere Anregungen aus den Reihen des Leserkreises bin ich im voraus überaus dankbar.
Es ist mir aber auch ein persönliches Anliegen, mich an dieser Stelle bei allen ehemaligen Kollegen der Tourismusbüros, bei den Wegreferenten diverser Organisationen und auch bei meiner Frau zu bedanken, die mich bei den umfangreichen Arbeiten unterstützt und oftmals auch ermutigt haben. Ganz besonderer Dank gilt aber den Forstverwaltungen der Österreichischen Bundesforste und ihren Mitarbeitern, die in allen Wegfragen stets kooperativ und verständnisvoll waren.
Möge dieses Büchlein dem einen ein wertvoller Ratgeber auf seinen Wanderabenteuern sein, dem anderen wieder eine Stütze bei der Information seiner Gäste. Die sinnvolle Bewegung in sauerstoffreicher Bergluft ist am besten geeignet, Streß und Hektik aus dem Berufsleben abzubauen und die Alltagssorgen vergessen zu lassen. Gehen ist die älteste Form des Reisens, finden auch Sie dabei Kraft und Erholung!
Lassen Sie mich aber an diese Wünsche noch eine Bitte anschließen! Unterstützen Sie uns bei der Erhaltung unserer noch gesunden Umwelt. Werfen Sie Ihre Abfälle nicht wahllos zur Seite, es macht Ihnen doch sicher keine Mühe, ein paar leere Tüten und Dosen und den Rest Ihres Proviantes wieder nach Hause zu tragen. Nur dort ist eine ordentliche Entsorgung gesichert.
Ich wünsche Ihnen gutes Fotowetter und schöne, unvergeßliche Erlebnisse auf Ihren Spaziergängen, Berg- und Wanderfahrten.

Erich Gaiswinkler, Altaussee, 1995

Inhaltsverzeichnis

	Seite
Vermerke über die erfolgte Eintragung der Wandernadel	3
Vorwort des Verfassers	4
Goldene Regeln für Wanderer und Bergsteiger	6-7
Alpines Notsignal	8
Schützen Sie die Alpenflora	9
Die „Wandernadel Steirisches Salzkammergut"	10-11

Zum Gebrauch des Wanderbüchleins

Handhabung, Aufbau, Gliederung, Wege, Routen, Markierungen,
Gehzeiten, Kartenmaterial, Abkürzungen etc. 12-14

Übersicht: Wanderziele, Gehzeiten, Punkte

Abschnitt I. Spazierwege	15-17
Abschnitt II. Wanderungen	17-19
Abschnitt III. Bergtouren	19-23

Wegbeschreibungen

Abschnitt I. Spazierwege	30
Abschnitt II. Wanderungen	86
Abschnitt III. Bergtouren	121

Alphabetisches Stichwortverzeichnis, Ortsweiser	190
Schutzhüttenverzeichnis der Region	205
Die Seen des Steirischen Salzkammergutes	207
Raum für Anregungen, Vorschläge, Reklamationen	209
Eintragungslisten für die absolvierten Wanderungen	211

Einige goldene Regeln für Wanderer und Bergführer

Bevor Sie nun in Ihren wohlverdienten Urlaubs- oder Ferientagen für einige Zeit in unserer herrlichen Landschaft „untertauchen", möchte ich Ihnen noch einige Ratschläge und Tips mit auf den Weg geben, die Sie vielleicht brauchen können.

1. Hören Sie sich vor Aufbruch zu Ihrem Vorhaben den Wetterbericht an. Verschieben Sie bei unsicheren oder extremen Witterungsverhältnissen Ihren Plan um ein paar Tage.

2. Wandern Sie nie länger als zwei bis drei Stunden einfach ins Blaue. Planen Sie Ihr Vorhaben anhand einer genauen Karte oder eines Führers exakt durch. Hinterlassen Sie in Ihrer Unterkunft das Wissen, wo Ihr nächstes Ziel liegt und wann Sie beabsichtigen zurück zu sein.

3. Treten Sie Ihre Wanderung oder Bergfahrt immer nur mit zweckentsprechender Kleidung an. Knöchelhohe Berg- und Wanderschuhe mit rutschfester Profilsohle! Tragen Sie nie brandneue Schuhe für eine längere Wanderung! Bequeme, lockere Bekleidung, eher mehrere Schichten übereinander als allzu dicke, warme Kleidungsstücke. Im Hochgebirge keine Shorts und keine bloßen Arme, auch bei bedecktem Himmel können Sie sich einen Sonnenbrand holen! Vergessen Sie auch nie eine Kopfbedeckung (Hut, Haube, Mütze) und einen winddichten Anorak, sowie regenfeste Überhosen.

4. Nehmen Sie einen Rucksack mit mehreren Außentaschen, die Hände brauchen Sie notfalls zum Abstützen und Anhalten oder auch für Wanderstöcke, die sich in den letzten Jahren mehr und mehr durchsetzen. Sonnenbrille, Erste-Hilfe-Pack mit Pflaster, Desinfektion, Schere und elastische Binden gehören in leicht erreichbare Taschen. Lebensmittelvorrat, Trockenfrüchte und Getränke sollten für wenigstens einen ganzen Tag reichen. Nicht fehlen dürfen Alufolie und Schlafsack, sowie eine Wanderkarte der Region und schließlich eine Taschenlampe.

5. Bei Schlechtwettereinbrüchen am besten umkehren. Bei Gewitter offene Grate und Erhebungen verlassen. Nicht in der Nähe von hohen Bäumen, Liftstützen oder Drahtseilen aufhalten. Metallteile weglegen und mindestens zehn Meter weiter weg in Hockestellung das Ärgste abwarten.

6. Bei Unfall, Bergnot oder ernster Gefahr gelten internationale Verständigungszeichen. Siehe „Alpines Notsignal" Seite 8.

7. Steinschlag. Achten Sie bei Hangquerungen und Geröllhalden streng darauf, daß Sie und Ihre Begleiter keine Steine abtreten, Sie gefährden Tier und Mensch.

8. Wandern Sie in Gegenden, die Sie noch nicht kennen, nie ganz allein und nehmen Sie bei der Wahl Ihres Tempos auf die schwächeren Weggefährten Rücksicht. Schlagen Sie auch den Rat ortskundiger und bergerfahrener Leute nie in den Wind. Bei Unternehmungen im Vorsommer sollten Sie sich auf alle Fälle bei Ortskundigen nach der Restschneelage in Höhen über 1600 Meter erkundigen.

9. Vergessen Sie nie, sich in das Hütten- oder Gipfelbuch einzutragen. Es gibt in Notfällen Auskunft darüber, in welche Richtung Sie weitergewandert sind.

10. Verlassen Sie auf keinen Fall die markierten Wege und betrachten Sie Forstwege und Forststraßen nicht von vornherein als öffentliche Wege. Forststraßen sind Betriebsflächen, deren Benützung, vor allem durch Fahrzeuge aller Art incl. Fahrräder, an eine Genehmigung gebunden ist!

11. Machen Sie wenigstens alle zwei Stunden eine ordentliche Pause und führen Sie Ihrem Körper die verlorene Flüssigkeit (Schweiß) durch durstlöschende, nicht zu süße Getränke zu.

Auch wenn wir mitunter die Technik verwünschen – Profilsohle, wasserdichte Kleidung und Kompaß haben doch viel zu unserer Sicherheit beigetragen – Oder würden Sie heute noch mit „Genagelten" in die Berge gehen wollen?

Anfang Juli liegt noch so manche Markierung unter meterdickem Schnee, daher Vorsicht bei unsicherer Wetterlage.

Alpines Notsignal

Rufen:

Sollten Sie – aus welchen Gründen auch immer – in Bergnot geraten, so geben Sie **sechsmal in der Minute** (alle 10 Sekunden) ein Zeichen durch **Rufen, Pfeifen** usw. Bei Dunkelheit Signale mit der Taschenlampe, allenfalls auch Feuerzeichen. Notsignale in Abständen von einer Minute solange wiederholen, bis Rufverbindung mit Helfern (Bergrettung, Hüttenwirt, Bergkameraden etc.) hergestellt ist. Achten Sie unbedingt auf die Einhaltung der Signal- und Pausenzeiten, sie entsprechen einer internationalen Vereinbarung.

Antwort:

Wenn Sie bemerkt worden sind, antworten Ihnen die Retter mit einem dreimaligen Zeichen je Minute (alle 20 Sekunden).

Schützen Sie die Alpenflora

In besonders bunter Vielfalt und Pracht werden Sie, lieber Wanderer, die Alpenflora in den nördlichen Kalkalpen, vor allem im Salzkammergut antreffen. Sie soll auch kommende Generationen noch erfreuen. Vermeiden Sie daher unsinniges Pflücken oder gar Ausgraben. **Blumenwiesen sind ausgewogene Biotope,** die auf jeden Eingriff empfindlich reagieren, ausgerottete Bestände können kaum je wieder rekultiviert werden.

Ob es sich nun um die besonders streng geschützten Alpenblumen handelt, die Blüten der wilden Narzisse oder „nur einfache" Wiesenblumen, gehen Sie bitte sorgsam damit um. Die Natur ist heute durch Umweltgifte, Technisierung und Übererschließung Belastungen ausgesetzt, wie sie noch vor wenigen Jahrzehnten unvorstellbar waren.

Jede nichtgepflückte Blume gibt uns die Hoffnung, sie im nächsten Jahr wieder blühen zu sehen!

Fotografieren statt pflücken – davon haben Sie länger etwas. Mit guten Dias erleben Sie Ihre Wanderferien zu Hause noch einmal – und das so oft Sie wollen.

Der **AUSSEER ALPENGARTEN** in Bad Aussee (Nähe Tannenwirt) bietet vor allem von Mai bis Mitte Juli eine besondere Vielfalt an Europäischen Alpenpflanzen – eine wahre Fundgrube für Freunde der Blumen- und Makrofotografie!

Fragen Sie dort auch nach dem Gärtnermeister, als gesuchter Spezialist wird er gerne bereit sein, Ihren Wissensdurst zu stillen.

Die „Wandernadel Steirisches Salzkammergut"

Mit dem vorliegenden Wanderbüchlein haben Sie nun auch die inhaltliche Grundlage zum Erwerb der
> „Wandernadel Steirisches Salzkammergut"

in Händen.

Aus organisatorischen Gründen ist es hiezu notwendig, daß jede Wanderung und jede Bergfahrt je nach Dauer, Schwierigkeit und erforderlicher Kondition mit einer gewissen Anzahl von Punkten bewertet wird. Für den Erwerb der Wandernadel gilt als Voraussetzung, daß folgende Punkteanzahlen **„erwandert"** werden.

Wandernadel in Bronze	50 Punkte
Wandernadel in Silber	150 Punkte
Wandernadel in Gold	300 Punkte
Große Wandernadel	
für besonderen Wanderfleiß in Silber	500 Punkte
für besonderen Wanderfleiß in Gold	1000 Punkte

Tragen Sie bitte Ihre Wanderleistungen mit der im Inhaltsverzeichnis und im Text angegebenen Punktezahl auf den letzten Seiten des Büchleins oder den Ihnen ausgehändigten Beiblättern ein. Soferne die Angabe im Büchlein nicht mit dem Vermerk „hin und zurück" versehen ist, gilt die angegebene Punktezahl jeweils für eine Wegstrecke.

Als Beweis für die Erreichung Ihres Zieles gelten die Schutzhütten- und Gipfelstempel in Ihrem Wanderbuch. Aber auch durch den Unterkunftgeber können die absolvierten Wanderungen bestätigt werden.

Wanderpunkte, die Sie bereits erzielt haben, bleiben auch gültig, wenn Sie Ihre Wanderungen erst zu einem späteren Zeitpunkt oder in Folgejahren fortsetzen können. Ebenso bleiben die für eine Leistungsstufe erwanderten Punkte (z.B. Bronze oder Silber) für die Erreichung der nächst höheren (z.B. Gold oder große Wandernadel) anrechenbar.

Selbstverständlich steht es Ihnen auch frei, untere Ränge (z.B. Bronze oder Silber) zu überspringen und die erzielten Punkte gleich für die „**Goldene**" oder gar für die **1000-Punkte-Nadel** anzusparen.

Die Tourismusverbände und Kurverwaltungen der Region sind gerne **bereit, Ihnen für den Erwerb Ihrer Wandernadel auch Wanderungen in anderen Teilen des Salzkammergutes anzurechnen,** die aus Platzgründen in vorliegendem Büchlein nicht berücksichtigt werden konnten.

Bitte bewerten Sie in diesem Falle Ihre ehrliche Netto-Wanderzeit (ohne Rastzeiten) wie folgt:

Für weitgehend ebene Spaziergänge
    ohne anstrengende Steigungen bis zu
    150 Höhenmetern über dem Ortsniveau und einer
    Gehzeit von max. 2½ Stunden,   pro Gehstunde mit 3 Punkten

Für Wanderungen ohne besondere Schwierigkeiten
    bis in 1200 Höhenmeter ü. M.,   pro Gehstunde   4 Punkte

Für anspruchsvolle Bergtouren in Höhenlagen
    bis in 1800 Höhenmeter,   pro Gehstunde   4½ Punkte

Für hochalpine Bergfahrten in Höhenlagen über
    1800 Höhenmeter, mit Ansprüchen an
    Bergerfahrung, Ausdauer und Schwindelfreiheit,
                    pro Gehstunde   5 Punkte

Für mehrtägige Überquerungen im alpinen Bereich,
                    pro Gehstunde   5 Punkte

Wenn es Ihnen möglich ist, stellen Sie uns bitte eine möglichst genaue Beschreibung Ihres „**Sonderprogramms**" zur Verfügung.

Haben Sie auf Grund Ihrer Eintragungen den Anspruch auf eine Wandernadel erworben, dann legen Sie Ihr Wanderbüchlein Ihrem Verkehrsamt, Tourismusverband oder der Kurverwaltung vor. Addieren Sie bitte die erworbenen Punkte, bevor Sie sich Ihre wohlverdiente Auszeichnung abholen. Wir bitten Sie um Ihr Verständnis, daß Ihnen dafür der Selbstkostenpreis berechnet werden muß!

Zum Gebrauch des Wanderbüchleins

Aufbau, Gliederung, Wege, Routen, Markierungen, Abkürzungen

Für die im vorliegenden Wanderführer vorgeschlagenen **Spazierwege, Wanderungen** und **Bergtouren** stehen gut beschilderte Wege der örtlichen Verkehrsvereine und im alpinen Bereich die dreistellig numerierten Wege, Steige und Routen des Österr. Alpenvereines (ÖAV) und des Touristenvereines Naturfreunde (TVN) und anderer alpiner Vereine und Organisationen zur Verfügung.
Die Spazier- und Wanderwege der einzelnen Orte sind nach zweistelligen Nummern geordnet, die auch in der Wanderkarte vermerkt sind, auf deren Erwähnung aber im Text des Büchleins weitgehend verzichtet wurde.
Bitte **beachten Sie** neben der nun folgenden Weg- und Tourenbeschreibungen dieses Führers auch **die örtlichen Wanderprogramme der einzelnen Gemeinden.**

Die im Text beschriebenen Wege sind in drei Hauptgruppen, nämlich in
SPAZIERWEGE – WANDERUNGEN – und **BERGTOUREN**
unterteilt, sodaß der Benützer je nach Neigung, verfügbarer Zeit und Kondition in Ruhe eine Vorauswahl geeigneter Ziele treffen kann.
Innerhalb der genannten Hauptgruppen sind die Wandervorschläge weiter gegliedert und zwar nach den sechs Ausgangsorten des Steirischen Salzkammergutes (in west-östlicher Reihenfolge)

**ALTAUSSEE – BAD AUSSEE – GRUNDLSEE – PICHL/KAINISCH
BAD MITTERNDORF – TAUPLITZ/TAUPLITZALM**

Die einzelnen **Spazierwege, Wanderungen** und **Bergtouren** sind im Buch zur besseren Übersicht und aus organisatorischen Gründen **fortlaufend numeriert** und werden im Text als **Wanderziele,** abgekürzt **Wz.** bezeichnet. Achten Sie bitte darauf, daß diese fortlaufenden Nummern **nicht identisch sind mit den Wegnummern,** nach welchen die Wanderwege der örtlichen Verkehrsvereine und der alpinen Vereine geordnet sind.

Winterräumung: Wege, die auch im Winter empfohlen werden können, tragen den Vermerk „**Winterräumung**" oder abgekürzt **Wi.**

Zustand der Wege: Die Textierung der einzelnen Wegbeschreibungen entspricht dem Ist-Zustand zum Zeitpunkt der Herausgabe dieses Führers. Bedenken Sie aber bitte, daß jedes Gewitter und jeder stärkere Regen die Wege in kürzester Zeit stark auswaschen oder sogar zerstören kann. Geben Sie bitte Beobachtungen über schlechte Zustände an Wegen und Markierungen unverzüglich an Hüttenwirte, Quartiergeber oder Ihr Verkehrsbüro weiter. Die zuständigen, ehrenamtlichen Funktionäre sind außerstande, mehrere hundert Kilometer Wanderwege laufend zu kontrollieren und daher auf Ihre Unterstützung angewiesen.

Gehzeiten: Die im Inhaltsverzeichnis und im Text angeführten Gehzeiten sind **Durchschnittswerte,** die weder den Leistungen eines durchtrainierten Leistungssportlers noch jenen eines völlig untrainierten Gehers entsprechen können. Betrachten Sie die Angaben bitte als **Richtwerte.**
Für **Wanderungen im alpinen Bereich** ist im allgemeinen Trittsicherheit, Ausdauer und Bergerfahrung unverzichtbar. Vergessen Sie nicht, daß jeder Wettersturz in Höhenlagen über 1500 Meter ü. M. eine Wanderung innerhalb weniger Minuten in ein gefährliches Abenteuer verwandeln kann.

Kartenmaterial: Zu diesem Wanderführer durch das Steirische Salzkammergut wurde eigens eine **Spezialkarte 1:25.000** herausgebracht. **Das kartografische Institut Ing. Rolf Opitz, Innsbruck,** als Herausgeber hat in engster Zusammenarbeit mit dem Autor auf alle Besonderheiten der Region eifrig Bedacht genommen und durch ein übersichtliches Koordinaten-Netz die Aufnahme eines **Stichwort-Verzeichnisses** in den Führer ermöglicht. Die Karte ist zweiseitig, wobei der Bereich **Ausseerland, Pötschenpaß bis Ödensee** die eine und der Bereich **Radlingpaß bis Trautenfels** die zweite Seite beansprucht.

Weitere empfehlenswerte Kartenblätter:

Freytag & Berndt	„Dachstein, Ausseerland, Filzmoos-Ramsau"	
		1:50.000 WK 281
Alpinvereinskarte	Westliches Blatt Totes Gebirge	1:25.000 Nr. 15/1
	Mittleres Blatt Totes Gebirge	1:25.000 Nr. 15/2
	Östliches Blatt Totes Gebirge	1:25.000 Nr. 15/3
Österr. Karte	Bad Ischl	1:25.000 Nr. 96
	Bad Mitterndorf	1:25.000 Nr. 97
Kompass-Wanderkarte	Südl. Salzkammergut	1:50.000 Blatt 20
Rotherverlag	Das Tote Gebirge	1:50.000

Alphabetisches Stichwortverzeichnis/Ortsweiser Seite 180

Das Stichwortverzeichnis in diesem Büchlein stellt eine alphabetische **Auflistung** der **Wanderziele, Berggipfeln, Orts-, Wege-, Flur-** und **Hausnamen** (Vulgonamen von Gehöften) **sowie von wichtigen Gebäuden, markanten Punkten, Flüssen, Bächen** und **Brücken** dar.

Es kann aber unter keinen Umständen Anspruch auf deren Vollständigkeit erhoben werden. Zweck des Verzeichnisses ist es, dem Wanderer und Leser die Auffindung von Orten, Namen und Wanderzielen in den zugehörigen Textstellen des Führers zu erleichtern.
Andererseits war es aber aus Platzgründen nicht möglich, alle in der Region üblichen Ortsbezeichnungen in der Karte unterzubringen. Die Anführung im Index erleichtert aber in diesem Fall deren lokalgeografische Zuordnung.
Die im Verzeichnis angegebenen Wanderziel-Nummern geben jene Stellen im Wanderbüchlein an, die Wege in die nähere Umgebung eines gesuchten Ortes beschreiben.

Verzeichnis der Schutzhütten und Seen der Region Seite 195

Sie finden weiters noch ein Verzeichnis aller im Bereich der beschriebenen Wanderziele liegenden **Schutzhütten,** sowie aller **36 Seen, Lacken** und stehenden **Gewässer,** die doch unsere Erholungslandschaft in so besonderer Weise prägen.

Abkürzungen
Begriffe und Worte, die im Text des Wanderführers mitunter abgekürzt werden, könnten dem Leser Rätsel aufgeben:

Abst.	Abstieg	ÖTV	Österr. Touristenverein
Anst.	Anstieg	Pkt.	Punkte für die Wandernadel
AV = ÖAV	Österr. Alpenverein	Sekt.	Sektion
Bew.	Bewirtschaftet	SV.	Selbstversorgung
FB-WK	Freytag & Berndt Wanderkarte	TK.	Touristenklub
Gh.	Gasthaus	TVN	Touristenverein Naturfreunde
Ghf.	Gasthof	WF	Wanderführer
Gzt.	Gehzeit	Wh.	Wirtshaus
h.u.z.	hin und zurück	Wstr.	Wegstrecke
Jhtt.	Jagdhütte	Wi.	Winterräumung
ÖAV	Österr. Alpenverein	Wi.Sp.	Wintersperre
ÖAV-K	ÖAV-Karte	Wz.	Wanderziel

Wegbeschreibungen
Abschnitt I. Spazierwege

Lfd.Nr.	Titel, Ziel Wander-Ziel	Geh-Zeit Std.	Punkte	Seite

ALTAUSSEE

1	Rund um den **Altausseer See,** Wi.	2	6	30
2	Klaus-Maria-**Braundauer-Promenade** nach **Bad Aussee,** Wi.	1	3	34
3	Waldweg rund um den **Plattenkogel**	1	3	35
4	Altaussee - Obertressen - Vorwerk - **Grundlsee**	2½	8	36
5	„VIA ARTIS" Künstlerwege im Ausseerland, teilw. Wi.	insges. 12	36	37
6	Alfred-Ritter-von-**Arnethweg**	1	3	38
7	**Blaa-Alm** über Wiesenweg	h.u.z. 2	6	39
8	Über Lichtersberg nach **Lupitsch,** Wi.	h.u.z. 2	6	42
9	zum **Sommersbergsee** über Wimm und Lenauhügel	1½	5	44
	Alpengarten	zuzügl. 1	3	
	Gesamtzeit incl. Alpengarten	h.u.z. 4	12	45
10	zum **Alpengarten** und **Sommersbergsee** über Lichtersberg und Lupitscher Klause	1½ / h.u.z. 3	5 / 9	
	incl. Alpengarten	4	12	46
11 bis 13 freie Nummern				

BAD AUSSEE

14	R.-Eybner-Promenade nach **Grundlsee,** Wi.	1	3	
	— " —	h.u.z. 2¼	7	48
15	**Grundlsee** über Hintenkogel - Gallhof, Wi.	1½	5	
	— " —	h.u.z. 2½	8	49
16	Klaus-Maria-**Brandauer-Promenade** nach **Altaussee,** Wi.	1 / h.u.z. 2½	3 / 8	51
17	**St. Leonhard** über Kreuzangerweg	¾	3	
		h.u.z. 2	7	52
17 a	Aussichtsplateau **Tauscherin**	h.u.z. 1	3	53
18	**Kurzentrum** - Himmelsleiter - **Schloß Ramgut** - Cramer-Promenade und zurück, **Rundgang**	1¼	4	53
18 a	**Kurzentrum** - Himmelsleiter - **Obertressen** - Emil-Ertlweg - **Brandauer-Promenade** u. zurück	1	3	55
19	Höhenweg über Schwabenwald und Sixtleite **Panorama-Rundweg**	1	3	55

I. Spazierwege

Wz. Lfd.Nr.	Titel, Ziel	Geh-Zeit	Punkte	Seite
20	Rund um die Ortsbezirke **Sarstein und Lerchenreith,** teilw. Wi.	2½	8	56
21	„VIA ARTIS" Künstlerwege im Ausseerland	insges. 5½	18	58

22 bis 24 freie Nummern

GRUNDLSEE

25	Nach **Gößl** über Seesüdseite	1¾	6	60
		h.u.z. 3½	11	
26	Nach **Gößl** über Seenordseite	1½	5	
	teilw. Wi.	h.u.z. 3	9	61
27	Gößl - **Toplitzsee,** Wi.	h.u.z. 1	3	62
28	Gößl - **Toplitzsee** über **Ranftlmühle**	h.u.z. 1	3	65
29	Gößl - **Gößlerwiesen**	h.u.z. 1½	5	66
30	Nach **Bad Aussee** über Gallhof, Wi.	1½	5	
	— " —	h.u.z. 2½	8	67
31	„VIA ARTIS" Künstlerwege im Ausseerland teilw. Wi.	insges. 3	10	68

32 bis 33 freie Nummern

PICHL-KAINISCH

34	Zum **Ödensee,** Wi.	h.u.z. 2½	8	69
35	Zu den **Karstquellen „Strumern"**	¾	3	
	— " —	h.u.z. 1½	5	70
36	Zur **Traunquelle** - Riedlbachklause	1¼	4	
	— " —	h.u.z. 2½	8	70
37	Knoppenmoos - **Herbert-Zand-Gedenkstein** }	¾ h.u.z. 1½	3 5	71
38	**Maria Kumitz** - Kalvarienberg (936 m), teilw. Wi.	¾	3	
	— " —	h.u.z. 1½	6	72

39 bis 41 freie Nummern

BAD MITTERNDORF

42	Nach **Bad Heilbrunn** und zum **Salza-Stausee** teilw. Wi.	h.u.z. 1½	5	
	incl. Stausee	h.u.z. 3½	11	75
42 a	**Bad Heilbrunn / Waldsteig** am Stausee	2	7	76
43	**Bootswanderung** auf dem **Salza-Stausee**	2	8	76
44	**Bad Mitterndorf - Krungl - Kulm**	2	6	
	Panoramaweg — " —	h.u.z. 4	12	77
44 a	Bad Mitterndorf - Krungl - Heilbrunn u. z. (Rundweg)	3½	11	78

I. Spazierwege / II. Wanderungen

Wz. Lfd.Nr.	Titel, Ziel		Geh-Zeit	Punkte	Seite
45	nach **Obersdorf** über Reith und Sonnenalm, Wi.		1	3	
	— " —	h.u.z.	2½	8	79
46 bis 48 freie Nummern					

TAUPLITZ

49	Zum **Wasserfall**	h.u.z.	1½	5	81
50	Zum **Freizeitzentrum** über Wald und Wiesenweg	h.u.z.	1½	5	81
51	Nach **Klachau** über Gehöft Winkler, Wi.	h.u.z.	1½	5	82
51 a	Nach **Klachau** über Gehöft Petz, Wi.	h.u.z.	2	6	82
51 b	Nach **Klachau** über Gehöfte Lurger und Schachner	h.u.z.	1½	5	83
52	Zum **Freiberg**	h.u.z.	1½	5	83
53	Nach **Bad Mitterndorf** über Krungl		2	6	84
54	„**6-Seen-Wanderung**" in 1600 m Seehöhe **Tauplitzalm**, verlangen Sie den Sonderprospekt!				84
55 bis 57 freie Nummern					

Abschnitt II. Wanderungen

ALTAUSSEE

58	Über den **Tressensattel** nach **Grundlsee**		2½	10	
	— " —	h.u.z.	5	19	86
58 a	Vom Tressensattel auf den **Tressenstein**	h.u.z.	1½	6	87
59	„**VIA SALIS**", auf den Spuren der Bergleute teilw. Wi. — " —	h.u.z.	2½ 4½	10 18	87
60	Über den **Salzberg** und **Moosberg** nach Lupitsch, Wi. bis Salzberg	h.u.z.	3½ 4½	10 18	88
61	Über **Blaa-Alm** und Rettenbachalm nach **Bad Ischl**, bis Blaa-Alm Wi.		4-5	16	90
62	Ruine **Pflindsberg** - Trattenbach - **Wasserfall** und zurück, Rundwanderung	h.u.z.	2½	10	91
63 bis 65 freie Nummern					

BAD AUSSEE

66	Zum **Sommersbergsee** über Schmiedgut und **Alpengarten**, teilw. Wi.	h.u.z.	2 4	8 16	93
66 a	**Waldweg** Alpengarten - **Lupitsch**		20 Min.	1	96
67	Zum **Ödensee** über Eselsbach und Trauntal — " —	h.u.z.	2½-3 5½	10 22	97

II. Wanderungen

Wz. Lfd.Nr.	Titel, Ziel		Geh-Zeit	Punkte	Seite
68	Zum **Ödensee** über **Radlingpaß**, teilw. Wi		3	12	
	— " —	h.u.z.	5½	22	98
69	Nach **Altaussee** über den **Tressensattel**		3	12	
	— " —	h.u.z.	4	16	
	zum **Tressensteingipfel**	h.u.z.	1½	6	99
70	Über Lupitsch - Waldgraben - **Moosberg**				
	nach **Altaussee**		4	16	
	ab Waldgraben - Pflindsberg - Altaussee		3	12	
	f. Besuch **Salzbergwerk**		1½	6	
	f. Rückweg K.M. **Brandauer-Promenade**		1	4	100
70 a	**Lupitsch - Waldgraben - Pflindsberg - Altaussee**		3	12	103
	f. Anmarsch ab Bad Aussee				
	siehe Wz. 66 u. 66 a		1¼	4	
	f. Rückweg n. K.M. **Brandauer-Promenade**, teilw. Wi		1	4	103
	71 bis 73 freie Nummern				

GRUNDLSEE

74	Von der Seeklause in die **Weißenbachalm** (1326 m) siehe Wz. 117 u. 117 a	h.u.z.	4	16	104
75	Über den **Tressensattel** nach **Altaussee**		2½	10	
	bis Tressensattel Wi. — " —	h.u.z.	5	18	104
76	Zum **Zimitzwasserfall** und zur **Zimitzalm** (983 m) — " —	h.u.z.	2½	10	105
77	Von Gößl zur **Vordernbachalm** (2219 m)	h.u.z.	2½-3	12	106
78	Nach **Bad Mitterndorf** über **Schneckenalm** (1152 m) – Kochalm		4	16	107
	79 bis 81 freie Nummern				

PICHL-KAINISCH

82	Nach **Bad Mitterndorf** und **Bad Heilbrunn**		2½	8	
	über Knoppen – Obersdorf, Wi.	h.u.z.	5	15	109
83	Auf die **Steinitzen-Alm** (ca. 980 m)	h.u.z.	4	16	110
84	Nach **Grundlsee** über **Radlingpaß** - Gschlößl und Straßen, Wi.		3	12	
	Rückweg n. Traunpromenade bis Bad Aussee		1½	6	110
	85 bis 87 freie Nummern				

BAD MITTERNDORF

88	Zur **Dr. Friedrich-Simonywarte** (1228 m)	h.u.z.	3	14	112

II. Wanderungen / III. Bergtouren

Wz.
Lfd.Nr. Titel, Ziel   Geh-Zeit Punkte Seite

89	Nach **Grundlsee** über Kochalm und **Schneckenalm** (1152 m), teilw. Wi.		4	16	112
89 a	Über die **Kochalm** zur **Ödernalm** (1214 m)		3	12	
	bis Kochalm Wi.	h.u.z.	5½	22	115

90 bis 92 freie Nummern

Bitte beachten Sie auch das Wanderprogramm mit Ausgangspunkt Tauplitzalm, die von Bad Mitterndorf per PKW erreichbar ist!

TAUPLITZ/Ort

93	Zum **Spechtensee** über Gehöft Lurger, teilw. Wi.		3-4	16	116
93 a	Zum **Spechtensee** über Klachau - Wörschachwald teilw. Wi.		3	12	117
94	Tauplitz - Lessern - **Pürgg**, Wi.		2	8	
		h.u.z.	4	16	118
95	**Tauplitz** - Furt - Kulm - **Klachau**		3	10	
	bis Furt Wi.	h.u.z.	4	14	119
96	Zum **Liegl-Loch** (1280 m)	h.u.z.	3	12	119
97	Von **Tauplitz** zur Gnanitzalm (1098 m)	h.u.z.	4½	20	120

98 bis 99 freie Nummern

Abschnitt III. Bergtouren

ALTAUSSEE

100	Zum Gipfel der **Trisselwand ab Tressensattel**				121
		h.u.z.	4½	20	
	Tressensattel - Schoberwiese - **Appelhaus**		5	22	
	Appelhaus - Almberg - **Grundlsee**		3	14	
	Appelhaus - Loserhütte		4	18	
	Bei **Anstieg ab Tal** Altaussee oder Bad Aussee	h.u.z. zus.	2	8	121
101	Über den **Salzberg** zum **Sandling** (1717 m)				
	Rund um den Sandling		5	22	
	f. Gipfelbesteigung ab Sandlingalm		3	14	123
102	Loserhütte - **Losergipfel** (1838 m) - **Hochanger** (1837 m) - Augstsee u.z.		2½	12	
	bei Anstieg vom Tal	h.u.z.	4½	20	125
103	Bergrestaurant - **Bräuningzinken** (1899 m)		3½	16	
	bei Anstieg vom Tal	h.u.z. zus.	4½	20	128

III. Bergtouren

Wz. Lfd.Nr.	Titel, Ziel	Geh-Zeit	Punkte	Seite
104	**Überquerung des Toten Gebirges** nach WW. 201: **Loserhütte - Appelhaus - Pühringerhütte - Gr. Priel - Almtal oder Hinterstoder** Teilstrecken:			
	• Loserhütte - Appelhaus	4	18	
	• Appelhaus - Pühringerhütte	4	18	
	• Pühringerhütte - Grundlsee	3	14	
	• Pühringerhütte - Gr. Priel	5	25	
	• Abstieg n. **Hinterstoder** oder **Almtal** je	4	20	
	• Pühringerhütte - Röllsattel - Almsee	3½	16	129
105	**Überquerung des Westplateaus: Blaa-Alm - Ischlerhütte (1368 m) - Schönberg (2093 m) - Wildensee - Appelhaus**			
	• Blaa-Alm - Ischlerhütte	2-2½	12	133
	• Ischlerhütte - Schönberg - Wildensee - Appelhaus (1638 m), Weiterw. siehe Wz. 104	8	40	133
106	**Altaussee - Wildensee - Offensee:**			
	• Übergang **Altaussee - Wildensee**	4	18	
	• **Wildensee - Offensee**	3	14	
	• Fußmarsch **Offensee - Steinkogel**	3½	11	136
106 a	**Wildenseealm - Rinnerkogel** h.u.z.	4	20	
	f. Anstieg ab Tal h.u.z. insges.	12	56	138
107 bis 109 freie Nummern				

BAD AUSSEE

110	Zur **Weißenbachalm** (1326 m) über St. Leonhard und Almwirt, teilw. Wi. h.u.z.	5	20	140
	Weißenbachalm - Türkenkogel h.u.z.	3½	16	
	Weißenbachalm - Kampl h.u.z.	3½	16	
	Weißenbachalm - Rötelstein h.u.z.	4	18	
	siehe auch 110 a, 117 a, 117 b, 124			140
110 a	Auf den **Rötelstein** über Radlingpaß h.u.z.	6	27	
	b. Rückweg über **Obersdorf** oder **Knoppen** h.u.z.	7	32	140
111	**Trisselwandgipfel** (1755 m) über Tressensattel			
	Anstieg bis **Tressensattel** n. Wz. 69 h.u.z.	2½	10	
	Tressensattel - Trisselwand n. Wz. 100 h.u.z.	4½	20	141

III. Bergtouren

Wz. Lfd.Nr.	Titel, Ziel		Geh-Zeit	Punkte	Seite
112	Auf den **Hohen Sarstein** (1975 m)				
	Pötschenpaß - Sarstein	h.u.z.	7½	38	
	Bad Aussee - Sarstein	h.u.z.	9	45	
	Pötschenkehre - Sarstein - Pötschenpaß, Übergang		8	40	
	Pötschenpaß - Sarstein - Obertraun, Überg.		9	45	142
113	Auf den **Ausseer Zinken** (1854 m)	h.u.z.	8	40	144
114 bis 116 freie Nummern					
GRUNDLSEE					
117	Zur **Weißenbachalm** über Seeklause	h.u.z.	4½	18	147
117 a	**Weißenbachalm - Türkenkogel** (1756 m)	h.u.z.	3½	16	148
117 b	**Weißenbachalm - Kampl** (1685 m)	h.u.z.	½	16	148
118	Zum **Albert Appelhaus** (1638 m)		4	18	
	über **Almberg**	h.u.z.	7½	34	
	• **Appelhaus** - Augstwiese - **Altaussee** W. 106		3½	16	
	• **Appelhaus** - Hochklopf - **Loserhütte**		4	18	
	• **Appelhaus** - Wildensee - **Offensee**		3½	16	
	• **Appelhaus** - Pühringerhütte - **Grundlsee**		6-7	32	
	• **Appelhaus** - Pühringerhütte - Gr. Priel - Almtal oder **Hinterstoder**		13	65	149
118 a	Auf den **Backenstein** u. z. **Albert Appelhaus**				
	Grundlsee - Almberg - **Backenstein** (1772 m)	h.u.z.	5	22	
	Grundlsee - **Backenstein - Appelhaus**		5	22	
		h.u.z.	8½	38	151
118 b	**Appelhaus - Woising** (2064 m)	h.u.z.	4	20	152
119	Zur **Pühringerhütte** über **Lahngangseen**		4	18	
	Übergänge siehe Wz. 104				
	• **Pühringerhütte - Appelhaus**		4	18	
	• **Appelhaus - Loserhütte**		4	18	
	• **Appelhaus** - Wildensee - **Schönberg - Ischlerhütte - Blaa-Alm**		10	50	
	• **Pühringerhütte - Gr. Priel** mit Abstieg b. **Hinterstoder** od. **Almtal**		9	45	153
119 a	**Pühringerhütte - Elmberg** (2128 m)	h.u.z.	4	20	155
119 b	**Pühringerhütte - Rotgschirr** (2270 m)	h.u.z.	4½	22	156
119 c	**Pühringerhütte - Salzofen** (2070 m)	h.u.z.	4½-5	25	
	Pühringerhütte - Salzofen u. Abstieg über **Lahngangseen**		7½-8	38	157

III. Bergtouren

Wz. Lfd.Nr.	Titel, Ziel		Geh-Zeit	Punkte	Seite
120	Über die **Schwaiberalm** zur **Gößleralm**				
	(1585 m)	h.u.z.	5	23	157
	Schwaiberalm	h.u.z.	3	14	
	Gößleralm - Dreibrüdersee	h.u.z.	6	27	
	Höhentour: Gößleralm - Salzofen - Abblasbühel				
	- Elmgrube - Pühringerhütte ab Schachen		7-8	38	158
121 bis 123 freie Nummern					

PICHL-KAINISCH

124	Auf den **Rötelstein** (1614 m) über				
	Langmoosalm	h.u.z.	6	27	
	Rundwanderung über **Kampl -**				
	Seidenhofalm	h.u.z.	7	32	159
124 a	Auf den **Kampl** (1685 m) über **Seidenhofalm**				
	Rückw. ü. Langmoos - Rötelst.	h.u.z.	7	32	160
125	Zur **Schreiberinalm** (ca. 1300 m)	h.u.z.	6	27	160
126 bis 128 freie Nummern					

BAD MITTERNDORF

129	Zur **Tauplitzalm** über Zauchen, Brentenmöser		3	14	
	Rückw. ü. **Ödernalm - Kochalm**		4	18	162
129 a	Zur **Tauplitzalm** über **Ramsanger**		3	14	
	Rückw. ü. **Brentenmöser**	h.u.z.	5½	25	
	Auf den **Lawinenstein** ab **Lopernalm**				
	Rückw. **über Hollhaus**	zusätzlich	1½	7	162
129 b	Zur **Tauplitzalm** über **Ödernalm**		4	16	
	Rückw. ü. **Brentenmöser** oder				
	Ramsanger	h.u.z.	6½	30	164
130	Auf den **Kampl** über **Reith** und				
	Krautmoos	h.u.z.	6	27	165
131	Auf das **Hochmühleck**	h.u.z.	6	27	165
132	Auf den **Grimming** siehe auch Wz. 150	h.u.z.	9	54	166
133 bis 136					

TAUPLITZ/TAUPLITZALM und östl. TOTES GEBIRGE

137	Zur **Tauplitzalm** über Mittelstation	2	9	
	Rückw. über **Brentenmöser**	2½	10	
	Rückw. über **Ödernalm - Kochalm**	4	18	
	Rückw. über **Ramsanger** - Bad Mitterndorf	2½	10	168

III. Bergtouren

Wz. Lfd.Nr.	Titel, Ziel		Geh-Zeit	Punkte	Seite
137 a	Zur **Tauplitzalm** über Furt-**Bergeralm**		3½	16	
	Rückw. ü. Mittelstation		2	9	
	Rückw. ü. **Ödernalm** - **Kochalm**		4	18	
	Rückw. ü. **Ramsanger** - **Zauchen**		2½	12	169
138	**Tauplitzalm** - **Steirersee** - **Rieshöhe** - **Tauplitzort**		3½	16	170
139	**Tauplitzalm** - **Schneckenalm** - **Grundlsee**		5	22	171
139 a	**Tauplitzalm** - **Ödernalm** - **Kochalm** - **Bad Mitterndorf**		4	18	171
140	Auf den **Quendling** (1645 m)	h.u.z.	5	23	172
141	Auf den **Hechlstein** (1814 m)	h.u.z.	5½	25	173
142	Auf den **Lawinenstein** (1966 m) ab Tauplitzalm	h.u.z.	2	9	174
143	Auf den **Traweng** (1981 m) ab Tauplitzalm	h.u.z.	3½	18	174
144	**Tauplitzalm** - **Großer Tragl**	h.u.z.	6	30	175
145	Auf den **Almkogl** ab Tauplitzalm	h.u.z.	6	30	
	Anstieg ab Weg 218	h.u.z.	2½	12	176
146	**Tauplitzalm** - **Gnanitz** - **Interhütten** - **Leistalm** - **Tauplitzort**		7-8	34	177
147	**Tauplitzalm** - **Leistalm** - **Salzsteigjoch** - **Hinterstoder. Übergang**		5	22	178
148	**Tauplitzalm** - **Leistalm** - **Interhütten** - **Türkenkarscharte** - **Hinterstoder. Übergang**		6	27	179
149	**Tauplitzalm** - **Hochmölbinghütte** (1684 m)		4½	20	180
150	Auf den Grimming	h.u.z.	9	54	181

Bergtouren im Bereich der Hochmölbinghütte

151	**Hochmölbinghütte** - **Mittermölbing** - **Hochmölbing** (2341 m) - **Brunnalm** - **Liezenerhütte** - **Hochmölbinghütte. Rundtour**	5½-6	30	183
151 a	Erweiterte **Rundtour** - ab **Hochmölbing** - **Kreuzspitz** - **Schrocken** (2289 m) - **Elmscharte** - **Brunnalm** u. zurück	6-7	35	184
151 b	**Hochmölbinghütte** - **Spechtensee**	3½	16	184
152	**Hochmölbinghütte** - **Linzerhaus** (1371 m) - **Pyhrnpaß. Überquerung**	7½	34	185
153	**Hochmölbinghütte** - **Brunnalm** - **Warscheneck** (2388 m) - **Linzerhaus. Überquerung**	8½-9	45	186

Herbst in Altaussee, Trisselwand, siehe Wz. 100.

... auch ein Spaziergang an einem kalten Wintermorgen hat seine besonderen Reize.

Bad Aussee vom Sarstein mit Grundlsee, siehe Wz. 112.

Der Kampl, ein Aussichtsberg der Sonderklasse, siehe Wz. 124 a.

. . . und nach der Wanderung ins Erlebnisbad Bad Mitterndorf

Das **FAMILIEN-SPORTHOTEL HECHL** bietet Wanderpauschale für jung und alt, spezielle Familienurlaube, geschmackvoll ausgestattete Komfortzimmer, gemütliche Appartements oder Studios direkt im Ortszentrum in sonniger Lage, TV und Radio im Zimmer, teilweise mit Balkon.

FITNESS: Beheiztes Schwimmbad, Sauna, Kräuterdampfsauna, Massagen, Tischtennis, Poolbillard, eigener Tennisplatz. Thermalhallenbad und Tennishalle mit Squash in 6 km, Golf in 12 km und Surfen 20 km Entfernung.

UNTERHALTUNG: Grillabende, Hüttengaudi, umfangreiches Unterhaltungsprogramm, spezielles Wander- und Kinderprogramm, unzählige Ausflugsmöglichkeiten in das Salzkammergut und Ennstal.

BESUCHEN SIE UNSER RESTAURANT: Hausmannskost, Pfandl- und Reindlgerichte, besonders beliebt unsere Produkte aus der eigenen Fleischerei (Blutwurst, Schlachtplatte etc.)   Siehe Wanderziel 93–97

Eines der beliebtesten Wander- und Ausflugsziele von Tauplitz und der näheren Umgebung ist die

GNANITZ-ALM
(1098 m)

Umrahmt von den Gipfeln der Tauplitzalm-Region und des östlichen Toten Gebirges ist sie auch ein bekannter Anlaufpunkt für zahlreiche Bergwanderungen und -überquerungen.

Hechlhütte in der Gnanitzalm, geöffnet nur bei Schönwetter während des bäuerlichen Almbetriebes, Juni bis Mitte September.

Schon Erzherzog Friedrich – ein Neffe Erzherzog Johanns, aus der Linie des Erzherzog Karl – war als Inhaber der Jagdreviere von der Gnanitz so begeistert, daß er drei neue Jagdhütten nach seinen Kindern benannte. Sie tragen bis heute noch deren Namen: **Hanslhütte, Gretlhütte und Ilsehütte** (Siehe Wanderkarte Pln.Qu. XY1, ST5 und X3).

Besonders beliebt ist das Gebiet Tauplitz–Gnanitzalm bei Familien, da es sogar mit Kleinkindern, ja selbst mit Kinderwagen leicht zu erreichen ist. Ein Berg- und Almerlebnis für die ganze Familie. Ringsum blühende Almwiesen, Dachsteinblick, Kontakt mit der Natur.

I. SPAZIERWEGE IN ALTAUSSEE

▎1▎ Rund um den Altausseer See

Eben, landschaftlich besonders schön. Nachteil: Jogger, Radfahrer, Wi.

Ausgangspunkt: Hotel Seevilla
Länge: 7 km
Durchschn. Gehzeit:
2 Stunden

Besondere Ausrüstung: Halbschuh, leichter Wanderschuh

6 Punkte

Einer der landschaftlich schönsten und leider auch frequentiertesten Spazierwege des Salzkammergutes führt ebenen Fußes rund um den **Altausseer See.** Mit einem festen Halbschuh oder leichten Wanderschuhen brauchen Sie sich trotz der Beschilderung „**Seeufer-Promenade**" nicht als „overdressed" fühlen. Der Rundgang ist in bei-

Die Seewiese in Altaussee, ein beliebter Ruheplatz auf der Wanderung rund um den See.

den Richtungen gleich reizvoll, wobei zu beachten ist, daß das ortsseitige Nordufer der Sonne ausgesetzt, das Südufer schattig ist. Prioritäten nach Jahres- und Tageszeit und eigener Neigung setzen!
Beginnen wir die Wanderung beim **Hotel Seevilla** am See-Ausfluß und gehen im Uhrzeigersinn zunächst nach dem **Johannes-Brahms-Weg** – Brahms hat im August 1888 in der Seevilla das C-Dur-Trio Op. 87 und das F-Dur-Quintett Op. 88 uraufgeführt – vorbei an den Tennisplätzen und dem gegenüberliegenden Areal des Geburtshauses der Dichterin **Barbara Frischmuth** bis zum Seehotel.

Der Weg führt rechts weiter über die „**Andrian-Werburg-Promenade**" vorbei am Altausseer Friedhof, welchem Sie gelegentlich Ihre Aufmerksamkeit schenken sollten. Die Gräber prominenter Gäste und Wahl-Altausseer erinnern an die langjährige Kultur- und Fremdenverkehrstradition des Ortes. Genießen Sie den Blick auf den meist spiegelglatten See und die Gletscher des Dachsteins. Wenn Ihnen ungewohnte Boote mit schnabelartigem Bug und nur einem Ruder auffallen, dann sind Sie noch neu in der Region. Es sind **Plätten,** ursprünglich Fischerboote, die aber schon im vorigen Jahrhundert als Gästeattraktion entdeckt wurden.
Unmittelbar nach dem Friedhof passieren wir eine zart rosa gefärbte Villa in weitem Parkgelände, die einst dem Anthropologen und Völkerkundler Ferdinand von **Andrian-Werburg** und später dem Dichter **Jakob Wassermann** gehörte. Nach einem Waldstück passieren wir das Freibadegelände **Kalßeneck** mit Jausenstation. Nach weni-

I. Spazierwege Altaussee

gen Metern zweigt gegenüber der zur **"Via artis"** gehörende Alfred-**Ritter-von-Arneth-Weg** ab, welcher in halbstündiger Wanderung am Fuße des Losers zur Blaa-Almstraße führt. Bei einer jahrhundertealten Fischerhütte am **"Kaltenbrunn"** endet der Fahrweg und mündet in einen schmalen, gesandeten Weg ein, der unter den Steilwänden des Loser zur Seewiese, einer ehemaligen Jausenstation am hinteren See-Ende führt.

Einem Beschluß der Gemeinde aus dem Jahre 1935 zufolge führt das Wegstück vom Kaltenbrunn bis zur Seewiese den Namen **"Hohen-**

Marterl und Wegkreuze laden den Wanderer ein zu stiller Rast.

I. Spazierwege Altaussee

lohe-Schillingfürst-Promenade". Die in einem Waldstück links am Weg stehende Gedenksäule erinnert an **Fürstin Marie zu Hohenlohe-Schillingfürst,** die in hohem Maße zur Herstellung des Weges beigetragen hat.

Unmittelbar hinter dem Altausseer See fällt noch die kleine meist grün überwachsene Wasserfläche des **Astersees** auf, der von Karstquellen und Hangwässern gespeist wird. Von Journalisten wird er fälschlicherweise häufig als „Ostersee" bezeichnet. Es wird auch behauptet, daß hier das Eis immer erst zu Ostern abtaut. In Wirklichkeit geht der Name auf den Fischereiberechtigten **Jakob Aster** zurück, dessen Familie zwischen 1500 und 1750 in den Urbaren als Besitzer aufschien.

Um das Erreichen der herrlichen Freibadeplätze rund um den See zu erleichtern – und nur zu diesem ausschließlichen Zweck – wurde die ortsseitige Hälfte des Rundweges und zwar bis zum Badeplatz „**Kalßeneck**-Jausenstation" und südseitig bis zur sogenannten „**Breitriesen" vom 1. Juli bis Mitte September** für Radfahrer freigegeben, was die Freude der Wanderer, Spaziergänger und Genießer der Ruhe erheblich schmälert. Sie haben ein Recht, jeden zu beanstanden, der den vorgegebenen Rahmen sprengt!

Auch die Jogger haben den Parcous längst als Fitness-Strecke entdeckt, sodaß es an Wochenende mitunter eng wird.

Wenn es Ihnen zu bunt wird, machen Sie sich Luft und sagen Sie es dem Bürgermeister!

Lassen wir es uns dennoch nicht verdrießen. Wo sonst gibt es noch trinkwasserreine Seen mit kilometerlangen Frei-Badesträndlen?

Von der **Seewiese** führt der Weg weiter durch lichte Waldbestände unter den Felsabstürzen der Trisselwand – immer dem Ost- und Südufer entlang – vorbei am **Restaurant-Strandcafé** und dem ehemaligen Strandbad und endet wieder an der Seeklause gegenüber dem **Hotel Seevilla.**

Anmerkung: In nicht zu schneereichen Wintern ist der Weg ganzjährig begehbar. Von besonderer Romantik ist aber auch eine Winterwanderung über den zugefrorenen See im Jänner und Feber. Bitte Vorsicht, halten Sie sich an Ratschläge der Einheimischen, die wissen, was man riskieren darf.

I. Spazierwege Altaussee

2 Klaus-Maria-Brandauer-Promenade nach Bad Aussee

Ebener, schattiger Weg längs der Traun, Wi.

Ausgangspunkt: Seeklause oder Hotel Kohlbacherhof
Länge: 4 km

Durchschn. Gehzeit:
1 Stunde 3 Punkte
Besondere Ausrüstung: Halbschuh, leichter Wanderschuh

Direkt neben der Bushaltestelle **Scheichlmühle**/Kohlbacherhof führt von der Traunbrücke flußabwärts ein kurzer Steig bergab an das rechte Flußufer. Der schattige Fußweg führt in fast durchwegs ebenem Verlauf immer dem Fluß entlang, vorbei an den **Tennisplätzen** über die **„Reiterer-Brücke" (Café Steirerhof)** direkt in den Ortskern von Bad Aussee. Die Promenade wurde dem **Burgschauspieler Klaus-Maria-Brandauer,** Ehrenbürger der Gemeinde Altaussee, in Anerkennung seiner hohen Verdienste um seine engere Heimat gewidmet.

Übersichtliche Wegweiser erleichtern die Orientierung im Steirischen Salzkammergut.

I. Spazierwege Altaussee

■ 3 Waldweg um den Plattenkogel (833 m)

Westseite sonnig, Ostseite schattig, mäßige Steigung.

Ausgangspunkt: Seeklause	**Größter Höhenunterschied gegenüber**
Länge: 3 km	**Talniveau:** 50 m
Durchschn. Gehzeit:	**Besondere Ausrüstung:** Wanderschuh,
1 Stunde 3 Punkte	fester Halbschuh

Der **Plattenkogel (833 m)** ist ein sanfter Waldrücken am südöstlichen Ortsrand von Altaussee zwischen dem Ortsteil **Arzleiten** und dem **Altausseer See.** Um ihn herum führt ein ruhiger, großteils schattiger Waldweg mit einem Gesamt-Höhenunterschied von kaum 50 Metern.

Der Weg führt von der **Seeklause** (Hotel Seevilla) zunächst auf der linken Traunseite etwa 150 Meter flußabwärts, um dann bei der ersten Weggabelung leicht ansteigend nach links abzuzweigen. Wir lassen einige ländliche Wohnhäuser rechts liegen und finden nach kurzer Steigung nochmals links einbiegend einen romantischen, schmalen Pfad, der immer am Fuße des bewaldeten Plattenkogels verläuft. Prachtvoller Ausblick auf den **Dachstein.** Gute Fotomotive, uralte Laubbäume im Vordergrund. Nach etwa 20 Minuten erreichen wir eine bäuerliche Streusiedlung, die wir rechts liegen lassen. Wenig später zweigt nach links eine für den Verkehr gesperrte Forststraße ab, die an der rechten Flanke des Berges, entlang des Waldrandes, leicht bergabführt. Von der nächsten Gabelung führt rechts eine Forststraße hinab zum Seeufer-Weg, den Sie beim **Strandcafé** erreichen. Gehen Sie nach links, erreichen Sie etwa 200 Meter vor der Seeklause (See-Ausfluß) ebenso den Uferweg und beenden damit Ihren Rundgang.

I. Spazierwege Altaussee

4 Altaussee - Obertressen - Vorwerk - **Grundlsee**

Abwechslungsreicher Weg durch Wald und leicht verbautes Gebiet, teilweise Kfz-Verkehr, teilw. Wi.

Ausgangspunkt: Seeklause oder **Gh. Scheichlmühle**
Länge: 8 km
Durchschn. Gehzeit:
2½ Stunden   8 Punkte

Größter Höhenunterschied gegenüber Talniveau: ca. 60 m
Anforderungen an Kondition, Erfahrung, Ausdauer etc.: mäßig
Besondere Ausrüstung: Wanderschuh, Turnschuhe

Auch diese Wanderung beginnt bei der **Altausseer Seeklause** in Richtung des **Traunflusses** und wendet sich bei der Gabelung nach 150 Metern nach links hangaufwärts. Es sind einige Wohnhäuser und Gehöfte zu passieren, von einer Anhöhe, die einen Ausblick auf Altaussee bietet, geht es wieder leicht bergab zu einer Fahrstraße, die vom **Gh. Scheichlmühle** über **Obertressen** entweder nach **Bad Aussee** oder nach **Grundlsee** führt. Diese Straße führt uns in leichter Steigung hinan zum sogenannten „**Dachsteinblick**", der Gemeindegrenze zwischen Altaussee und dem Markt Bad Aussee. Wegen des Fahrzeugverkehrs verlassen wir die Straße kurz hinter dem Bildstock und biegen links in den Waldweg ein, der zwischen Gehöften und Wohnhäusern hindurch zwar wieder in die Fahrstraße nach Grundlsee einmündet, die wir aber bald verlassen. Beachten Sie am Hause Obertressen Nr. 6 die Gedenktafel zu Ehren **Hugo v. Hofmannsthals,** der hier viele Jahre die Sommermonate verbrachte. Wegen der erwähnten Verkehrsbelastung bleiben wir auf der Fahrstraße nur etwa 10 Minuten, um dann in spitzem Winkel nach rechts bergab in einen Weg einzubiegen, der vom Tressensattel zum Ortsteil **Vorwerk** an der Traun führt, den wir nach 15 Minuten erreichen. Wir folgen nun nach links etwa 300 Meter der Landesstraße nach **Grundlsee** und überqueren dann über den „**eisernen Steg**" abermals die Traun. Am rechten Ufer (rechts in Flußrichtung) finden wir uns auf der sogenannten **Traunpromenade** nach Grundlsee, die uns ab hier in etwa 40 Minuten zur **Grundlseer Seeklause** bringt.
Siehe auch Wz. 14 Seite 45.

I. Spazierwege Altaussee

Weiterweg nach Gößl entweder mit dem Motorboot oder über See-Südseite siehe Wz. 25 Seite 57.

5 "Via artis", Künstlerwege im Ausseerland

Leichte Spazierwege zu einer Reihe von Gedenkstätten im Ausseerland, teilw. Wi.

Ausgangspunkt: Altaussee Kurpark, Bad Aussee Kurzentrum, Grundlsee Seeklause
Gesamtlänge: 27 km
Durchschn. Gehzeit:
12 Stunden insges.   36 Punkte
Größter Höhenunterschied gegenüber Talniveau: 50 m

Besondere Ausrüstung: Straßenkleidung, fester Schuh
Gehzeiten für die einzelnen Abschnitte:

Altaussee	2 Std.	7 Pkt.
Bad Aussee	5½ Std.	17 Pkt.
incl. Ortsrundgang	+ 1 Std.	3 Pkt.
Grundlsee	3 Std.	9 Pkt.
insgesamt	rd. 12 Std.	36 Pkt.

Etwa ab der Mitte des vorigen Jahrhunderts, wohl nach der Verlegung der **Kaiserlichen Sommerresidenz** in die nachbarliche Kurstadt Ischl zog es zahlreiche Vertreter verschiedenster Kunstrichtungen, **Literaten, Maler, Komponisten, Schauspieler** und **Wissenschafter** in das Ausseerland. Sie haben das Salzkammergut, vornehmlich das Ausseerland bekannt gemacht und gelten heute als die eigentlichen Pioniere des heute nicht mehr wegzudenkenden Fremdenverkehrs. Unzählige Namen prominenter Künstler, einflußreicher Politiker und verdienter Aristokraten scheinen in den Gästelisten auf. Es würde den Rahmen dieses Büchleins sprengen, hier im einzelnen darauf einzugehen.

Die über das gesamte Ausseerland verstreuten Gedenkstätten wurden in verdienstvollem Engagement einiger junger Ausseer und mit Unterstützung des **Literaturmuseums Altaussee** zu einem Künstlerweg, der "**VIA ARTIS**" zusammengefaßt. Bebilderte Schautafeln informieren an insgesamt 14 Stellen in **ALTAUSSEE, BAD AUSSEE** und **GRUNDLSEE** über Namen, Daten und Werke der verewigten Künstler. Verlangen Sie in den Kurverwaltungen und Tourismusbüros den **Sonderprospekt "VIA ARTIS"** und besuchen Sie auch das **Literaturmuseum Altaussee, das Kammerhofmuseum in Bad Aussee**

I. Spazierwege Altaussee

mit den Abteilungen für Salzberg und Salinen, Tracht, Volksmusik und Höhlenkunde, sowie die **Sammlung Strick in Bad Mitterndorf.**

VIA ARTIS
Künstlerwege im Ausseerland

ALT AUSSEE

6 Alfred-Ritter-von Arneth-Weg

Landschaftlich reizvoll, Fotomotive mit Dachstein, mäßige Steigungen, teilweise recht grob.

Ausgangspunkt: Kurpark
Länge: 3 km
Durchschn. Gehzeit:
1 Stunde 3 Punkte
Größter Höhenunterschied gegenüber Talniveau: 50 m
Besondere Ausrüstung: Wanderschuh und -kleidung

Der berühmte Freikletterer und Bergsteiger Dr. Paul Preuss ist am Altausseer Bergfriedhof begraben.

I. Spazierwege Altaussee

Von der Rückseite des **Kurparks** in Altaussee führt ein schmaler Weg nach Nordwesten und erreicht knapp vor der Salzberg-Abzweigung die Blaa-Alm-Straße, welcher wir etwa 200 Meter folgen. Die Brücke zum Salzberg lassen wir links liegen, passieren einige Wohnhäuser und finden dann rechts ansteigend einen schmalen Steig, welcher nach dem Österreichischen Geschichtsschreiber **Alfred-Ritter-von Arneth** benannt ist. Der reizvolle Höhenweg führt am Fuße des Loser entlang über die Station IV der Altausseer **Via Artis – Villa Kerry** (siehe auch Sonderprospekt Via Artis) durch mäßig steiles Wald- und Wiesengelände, später bergab durch schönen Hochwald zum Weg um den See, den Sie bei der Jausenstation am **Freibadeplatz Kalßeneck** erreichen. Der letzte Wegabschnitt ist ziemlich steinig und erfordert festes Schuhwerk und Trittsicherheit.

■ 7 Wiesenweg zur Blaa-Alm (894 m)

Wald- und Wiesengelände, schattig, besonders reizvoll zur Narzissenblüte im Mai.

Ausgangspunkt: Kurpark oder Café Fischer, Hotel Berndl
Länge: 4 km
Durchschn. Gehzeit:
2 Stunden   6 Punkte

Größter Höhenunterschied gegenüber Talniveau: 160 m
Besondere Ausrüstung: Wanderkleidung, allenfalls Regenschutz

Von der ortsabgewandten Seite des Kurparks den schmalen Weg entlang nach links bis zur **Blaa-Alm-Straße,** nach etwa 100 Metern links über die leicht ansteigende „**Donis-Brücke**" (Donis = mundartl. Dyonis). Aus der ersten Steigung unmittelbar nach der Brücke rechts abzweigen, zwischen ländlichen Häusern weiter auf eine Anhöhe. Nun führt der Wiesenweg parallel zum **Augstbachtal** (aber nicht unmittelbar daneben) durch Wald und Wiesen zum ehemaligen „**Scheibenstollen**" des Altausseer Salzberges, der auch eine Station in der noch zu erwähnenden „**VIA SALIS**" darstellt. Siehe Kapitel **WANDERUNGEN** Wz. 59. Nach Durchquerung eines Waldstückes führt der Weg direkt am gemütlich-althergebrachten **Gasthaus „Zur Wiese**" vorbei. Im Mai sind hier die leicht sumpfigen Wiesen übersät

Das Wirtshaus auf der
Blaa-Alm

bei Altaussee im steirischen Salzkammergut, Ausgangspunkt für Almwanderungen und Bergfahrten im Toten Gebirge, wichtiger Talstützpunkt auf dem Weitwanderweg 201.
Am Fuße des Loser gelegen, mit dem Wagen leicht erreichbar, bestens geeignet für den Betriebsausflug, aber auch für Kurzlehrgänge (Matratzenlager, Teeküche) und Arbeitstagungen (Tagungszimmer).
Schöne Doppelzimmer für Urlaub und Wochenende.
Kinderspielplatz, beste Hausmannskost.
Anmeldungen erbeten mit Ruf 03622/71102,
Anschrift: A-8992 Altaussee, Lichtersberg 73,
Inhaber Komm.-Rat **Erich Slupetzky's Nachf.**

I. Spazierwege Altaussee

mit den schneeweißen Blütensternen der wilden Narzisse (narzissus stellaris). Die Pflanze ist teilgeschützt, das heißt sie sollten davon nicht mehr als einen kleinen Handstrauß an sich nehmen. Wenn Sie sich vergegenwärtigen, daß sowohl Saft als auch Duft der verlockenden Blume **leicht giftig (!)** sind und Allergien auslösen können, wird es Ihnen nicht schwer fallen, die Pracht lieber in der Natur zu betrachten.

Es bietet sich bald ein ungewohnter Blick auf die Steilwände des **Losers** von der Nordwestseite. Fotomotive! Etwa 10 Gehminuten vor Erreichen des **Gasthauses Blaa-Alm** mündet der Weg in die Fahrtstraße ein. Die Wanderung kann zur **Rettenbach-Alm** und nach **Bad Ischl** fortgesetzt werden. Siehe Wz. 61.

Die wilde Narzisse blüht im Mai auf leicht sauren Bergwiesen.

I. Spazierwege Altaussee

■ 8 Über Lichtersberg nach Lupitsch

Landschaftlich reizvoll, Ausblicke ins Gebirge, PKW-Verkehr besonders zu Stoßzeiten.

Ausgangspunkt: Entweder **Schneiderwirt** oder Busstation **Kesselgrube/Hotel Tyrol**
Länge: 3 km
Durchschn. Gehzeit 1 Strecke:
1 Stunde   3 Punkte
Durchschn. Gehzeit hin und zurück:
2 Stunden   6 Punkte

Größter Höhenunterschied gegenüber Talniveau: ca. 100 m
Besondere Ausrüstung: Wander- oder Straßenkleidung
Empfohlener Rückweg: über Lupitscher Klamm – Forststraße – Pflindsberg – Wasserfall 1½ Stunden, siehe Wz. 70 a

Entweder den schmalen Weg vom **Gasthaus Schneiderwirt** bis zur **Schießstätte** (Jakob-Wassermann-Weg) oder von der Busstation **Kesselgrube** in nordwestlicher Richtung (aus Richtung Ortsmitte nach rechts) vorbei an der **Gärtnerei Reischenböck** und an verstreuten, ortstypischen Wohnhäusern ebendorthin. Dann ansteigend durch ein Waldstück nach **Lichtersberg.** Auf einer **Anhöhe** gabelt sich der Weg. Der linke Ast führt über eine kaum befahrene Straße über die „**Lupitscher Klause**" und mündet westlich des **Gasthauses „Tannenwirt"** (derzeit geschlossen) in die **Pötschenpaß-Bundesstraße 145** ein. Von obiger **Anhöhe** gerade weiter durch Wald und Wiesen mäßig bergab direkt in den Ortsteil **Lupitsch.** In etwa 10 Gehminuten Richtung **Pötschenpaß** erreichen Sie das gastronomisch sehr zu empfehlende „**Gasthaus zur Wies'n**".
Als Rückweg wird der o.a. Weg über die **Lupitscher Klamm** empfohlen, der dem Bächlein entlang, vorbei an einem Sägewerk durch den Wald ansteigend zur **Pflindsberg-Forststraße** und über den **Rambichl** oder auch über den **Wasserfall** nach **Altaussee** führt.
Ein etwas weiterer Rückweg kann auch von der aus dem Ort steil bergan führenden Straße rechts abzweigend über **Oberlupitsch** und **Waldgraben** – das **Gasthaus Sarsteinblick** wird für seine vorzügliche Küche gelobt – und wiederum über die bereits erwähnte, vor dem „**Sarsteinblick**" nach rechts abzweigende Pflindsbergstraße (Fahrverbot), genommen werden. Beide Varianten münden in der Nähe des **Gh. Schießstätte** in die Verbindunsstraße Altaussee – Lupitsch ein.
Vergessen Sie nicht, einen Abstecher zu den Resten der **Ruine**

Pflindsberg zu machen. Bis vor etwa **250** Jahren war das burgähnliche Gebäude Sitz und Verwaltung der Salzverweser (erbaut um 1250). Bis 1500 war der landesfürstlichen Herrschaft Pflindsberg auch die Gerichtsbarkeit des Ausseer Landes übertragen.

Die wilde Narzisse – narzissus stellaris od. poeticus – blüht von Mitte Mai bis Mitte Juni auf leicht sauren Bergwiesen. Ihr Bestand ist rückläufig.

I. Spazierwege Altaussee

9 Altaussee – Wimm – Lenauhügel – Sommersbergsee

Mäßig anstrengend, abwechslungsreich, großteils verkehrsfrei, teilw. Wi.

Ausgangspunkt: Kesselgrube oder Kohlbacherhof
Länge: 4 km
Durchschn. Gehzeit 1 Strecke:
1½ Stunden   5 Punkte
Durchschn. Gehzeit hin und zurück:
3 Stunden   9 Punkte
Für Alpengarten zuzüglich:
1 Stunde   3 Punkte

Größter Höhenunterschied gegenüber Talniveau: 150 m
Besondere Ausrüstung: Wanderausrüstung, ev. Badeanzug
Empfohlener Rückweg: über **Lupitscher Klause** und **Lichtersberg** nach Altaussee, siehe Wz. 8

Von der Bushaltestelle **Kesselgrube** (Postillions Einkehr) ca. 100 Meter in Richtung Bad Aussee, bei **Schischule Mandl** rechts abbiegen und nach der Brücke über den Trattenbach links weiter durch ein Waldstück zur kaum befahrenen Straße in den Ortsteil „**Wimm**". Das Wort Wimm bedeutet im alten Sprachgebrauch soviel wie Rodungsgebiet. Bis hieher kann man auch vom **Hotel Kohlbacherhof** über die **Klaus-Maria-Brandauer-Promenade** gelangen.

Nach Durchquerung der locker verbauten Wimm-Ebene und Überschreiten des **Lupitschbaches** auf einer alten Holzbrücke und einem darauffolgenden Steilstück biegen wir rechts in ein Wiesen- und Waldgelände ab. In wenigen Minuten erreichen wir das **Gasthaus Tannenwirt** (derzeit geschlossen) an der Bundesstraße 145. Steigen wir aber nach Passieren der Holzbrücke die schmale Straße weiter hinan, queren wir kurz darauf die breite Zubringerstraße nach Altaussee, um vorbei an Gehöften und Wiesen nach 5 Minuten wieder auf die Bundesstraße 145 zu treffen. Jenseits der Straße (Achtung starker Verkehr) führt ein schmaler Pfad hinauf zum **Nikolaus-Lenau-Hügel**, auf welchem Freunde dem Österreichischen Dichter einen Gedenkstein mit in Bronce graviertem Gedicht gesetzt haben:

Schöne Sennin, nocheinmal
singe deinen Ruf ins Tal,
daß die frohe Felsensprache
deinem hellen Ruf erwache . . .

. . . hieß es da in der verklärten Sprache seiner Zeit. **Nikolaus Lenau** ist auch die **Station IV** der **"VIA ARTIS"**, Bad Aussee gewidmet. Und an ebendieser Stelle, von welcher man das gesamte Ausseerland so wunderschön überblicken kann, wollte **Hans Herzheimer,** Salzverweser, **Berater Friedrichs III.** und **Freund Martin Luthers** etwa um 1500 auf Fundamenten aus grauer Vorzeit, deren Schriftzeichen man nicht einmal mehr entziffern konnte, einen 150 Meter hohen Turm errichten. Es blieb bei einem utopischen Projekt, welches aber heute noch in einem Atemzug mit dem Turm zu Babylon, dem schiefen Turm zu Pisa oder dem Eiffelturm genannt wird (siehe IKARUS 5/6/89). Nach diesem Ausflug in Literatur und Geschichte wenden wir uns nordwestlich einem schmalen Pfad zu, auf dem wir in wenigen Minuten den **"Tannenwirt"** und von dort nach links über eine ansteigende Straße den **"ALPENGARTEN"** erreichen. Für die Besichtigung sollten wir

Der Alpengarten – Nähe Gasthof Tannenwirt – mit seinen 2500 alpinen Pflanzen ist vor allem zur Frühjahrsblüte besonders sehenswert.

wenigstens **eine Stunde einplanen.** Vom **Alpengarten,** der neben seinen mehr als 2500 alpinen Pflanzen und Hölzern auch einen Waldlehrpfad zeigt, sowie für die kleinen Begleiter eine Sandkiste, einen Spielplatz und sonstige Überraschungen bereithält, erreichen wir über einen Waldrücken in etwa 30 Minuten das **Moorbad Sommersberger See.** Unter Einheimischen gilt das weiche Moorwasser als heilkräftig. Schon Mitte Mai erreicht der See oft Badetemperaturen. Es gibt auch Umkleidekabinen und ein kleines Gasthaus.

10 Altaussee – Fuchsbauer – Lichtersberg – Lupitscher Klause – Alpengarten – Sommersbergsee

Abwechslungsreich, schöne Aussicht, bergig. Nur im Frühsommer und dann erst wieder nach der Heuernte!

Ausgangspunkt: Busstation **Kesselgrube, Schneiderei Haselnus.**
Länge: 4 km
Durchschn. Gehzeit 1 Strecke:
1½ Stunden   5 Punkte
Durchschn. Gehzeit hin und zurück:
3 Stunden   9 Punkte
Für Alpengarten zuzüglich:
1 Stunde   3 Punkte

Größter Höhenunterschied gegenüber Talniveau: 150 m
Besondere Ausrüstung: Wanderausrüstung, ev. Badezeug
Empfohlener Rückweg: Lenauhügel – Wimm – Kesselgrube, siehe Wz. 9, oder Alpengarten – Waldweg Lupitsch – Lichtersberg – A.A., Wz. 9 a und 8.

Zwischen der **Schneiderei Haselnus** und dem Haus Nr. 182 (Laimer) hindurch führt ein schmaler Weg von der Landesstraße weg zunächst über eine Wiese, dann über den **Trattenbach** und später eine Fahrstraße entlang, vorbei an einzelnen Gehöften und Wohnhäusern über einen bewaldeten Bergrücken nach **Lichtersberg.** Hier trifft der mittlerweile wieder schmal gewordene Weg nach Querung einer Bergwiese und nach Passieren einiger Bauernhäuser auf die Straße **Altaussee–Lupitsch.** An der folgenden Gabelung halten wir uns nach links und steigen eine kaum befahrene Straße in einen Weiler ab, der als **Lupitscher Klaus'** bezeichnet wird. Wenig später quert man den **Lupitschbach** und kommt durch ein kurzes Waldstück leicht ansteigend zur Pötschenpaß-Bundesstraße 145. Rechts gebenüber führt ein wenig gepflegter Steig bergauf, um nach etwa 150 Metern auf den Weg zu treffen, der uns nach links weiter zum **Alpengarten** bringt. Unkomplizierter ist es, wenn wir es auf uns nehmen, rund 400 Meter nach links entlang der Bundesstraße zu gehen, um dann vom **Gasthaus Tannenwirt** (derzeit geschlossen) den **Alpengarten** und weiter den **Sommersbergsee** anzusteuern. Fortsetzung ab Alpengarten siehe Wz. 9.

Wz. 11 bis 13 reserviert für spätere Ergänzungen

I. SPAZIERWEGE IN BAD AUSSEE

14 „Richard-Eybner-Promenade" nach Grundlsee

Im ersten Teil leichte Steigungen, später entlang des Traunflusses, größtenteils schattig, Wi.

Ausgangspunkt: Kurpark
Länge: 4 km
Durchschn. Gehzeit 1 Strecke:
1 Stunde   3 Punkte
Durchschn. Gehzeit hin und zurück:
2¼ Stunden   7 Punkte

Größter Höhenunterschied gegenüber Ausgangspunkt: 50 m
Besondere Ausrüstung: leichte Wanderausrüstung, festes Schuhwerk
Empfohlener Rückweg: über **Gallhof – Hintenkogel**, siehe Wz. 15

Auch hier gilt, was über „**Promenaden**" schon gesagt wurde. Diese aus dem vorigen Jahrhundert stammende Bezeichnung soll nicht zu falschen Vorstellungen über den Weg führen. Ein leichter Wanderschuh oder ein Halbschuh mit festem Halt sind allemal angebracht. Vom östlichen Ende des **Ausseer Kurparks** geht der Weg über die **Grundlseer-Traun (Gamsen-Steg)** und führt links durch die **Tauscheringasse** zum „Gasteig" (= jähe Steigung). Wir überqueren

Inschriften und Gedenkstätten erinnern an Erzherzog Johann und seine Gattin Anna Plochl, die spätere Gräfin zu Meran.

Das Erzherzog-Johann-Denkmal im Kurpark wurde am 11. August 1935 feierlich enthüllt.

I. Spazierwege Bad Aussee

die Landesstraße, die früher auch als Poststraße oder **alte Salzstraße** bezeichnet wurde, im Bereiche des Gasteigs, um nach etwa 100 Metern eine Weggabelung zu erreichen. Wir halten uns rechts und biegen nach weiteren 20 Metern links in den Richard-Eybner-Weg ein. Nach rechts führt der Hintenkogelweg weiter nach Grundlsee (Wz. 15). Der Richard-Eybner-Promenade folgend passieren wir zunächst einen Jungwald und eine kleine Schi-Sprungschanze und gehen dann ein kurzes Stück durch einen Hochwald. Der Weg mündet später in die verkehrsreiche Grundlseer-Straße ein, nach deren Überquerung wir zur eigentlichen **Traunpromenade,** auch **Rebenburg-Promenade** genannt, kommen und nach rechts, flußaufwärts, weitergehen. Über den „**Eisernen Steg**" queren wir den Traunfluß und gehen auf schattigem Weg etwa eine halbe Stunde weiter flußaufwärts. Rechts führt eine Holzbrücke zum Sägewerk, wir gehen aber weiter dem rechten Flußufer (rechts in Flußrichtung gesehen) entlang und nach weiteren 20 Minuten über einen Holzsteg nach rechts über die Traun. Es gilt nun wieder die Straße zu überqueren, parallel zur Fahrbahn geht der Weiterweg etwas erhöht bis zur **Seeklause** (See-Ausfluß) in **Grundlsee.**

Rückweg über Hintenkogel: Von der Seeklause zurück bis zur **Weißenbachbrücke** – beachten Sie die Ortstafel mit der Holzskulptur des **Grundlseer Wassermannes** von Bildhauer Johann Mayerl –, dann nach links und vor dem Sägewerk nach rechts über den **Weißenbach** und weiter durch die Ortschaften **Gallhof, Hintenkogel** und **Reith** nach **Bad Aussee.**

15 Über Hintenkogel – Gallhof nach Grundlsee

Leichter Höhenweg, landschaftlich schön, teilweise schattig, Wi.

Ausgangspunkt: Kurpark
Länge: 4 km
Durchschn. Gehzeit 1 Strecke:
1½ Stunden   5 Punkte
Durchschn. Gehzeit hin und zurück:
2½ Stunden   8 Punkte

Größter Höhenunterschied gegenüber Talniveau: 100 m
Besondere Ausrüstung: leichte Wanderkleidung
Empfohlener Rückweg: Traunprom. – Richard-Eybner-Prom., siehe Wz. 14

Kurpark – Parkgasse – Lössluhr – Erzherzog-Johann-Brücke – Meranplatz/Spitalkirche, vorbei am **Hotel Post** über die **Kirchengasse,** den „**Gasteig**" steil bergan bis zum Hause Klima, Reith Nr. 330.

I. Spazierwege Bad Aussee

Hier zweigt der Weg nach links ab durch die Ortschaft **Reith,** herrlicher Ausblick auf die Berge des Ausseer Beckens und des Toten Gebirges. Weiter durch den Ortsteil **Hintenkogel** nach **Gallhof.** Einzelne Gehöfte und Wohnhäuser säumen den Weg, nach einem Waldstück queren wir den **Weißenbach** und erreichen bei der **Bushaltestelle** die Grundlseer-Straße. Ab hier, wie unter Wz. 14 beschrieben, rechts neben der Landesstraße auf erhöhtem Weg bis zur Seeklause.

Eine reizvolle Variante bietet sich an, wenn wir nach Wz. 14 bis zur beginnenden „**Eybner-Promenade**" wandern, dann aber nach rechts den in Stufen verlaufenden **Hintenkogelweg** nehmen und nach Überwindung eines Höhenunterschiedes von etwa 50 Metern das Plateau erreichen. Über Wiesengelände kommen wir wieder zur Straße nach **Hintenkogel – Gallhof.** Fallweise PKW-Verkehr. Weiterweg siehe oben.

Rückweg: Seeklause – Weißenbachbrücke – Traunpromenade – Eybnerpromenade – Bad Aussee, wie Wz. 14.

FOTO RASTL
— INGRID RASTL —

Ihr Ratgeber in allen Fachfragen
in langjähriger Familientradition.

Fotohandel und -Atelier
Kameras und Zubehör
Film- und Fotomaterial
Color-Ausarbeitung

Ansichtskarten und Billetts aus eigenem Verlag

8990 BAD AUSSEE, Parkgasse 219, Tel. 03622/52248

I. Spazierwege Bad Aussee

16 Klaus-Maria-Brandauer-Promenade nach **Altaussee**

Schattiger, fast ebener Weg entlang des Traunflusses.

Ausgangspunkt: Postamt Bad Aussee
Länge: 4 km
Durchschn. Gehzeit 1 Strecke:
1 Stunde 3 Punkte
Durchschn. Gehzeit hin und zurück:
2½ Stunden 8 Punkte

Größter Höhenunterschied gegenüber Ausgangspunkt: 70 m
Besondere Ausrüstung: Straßenkleidung, leichte Wanderausrüstung
Empfohlener Rückweg: über Obertressen – Himmelsleiter, siehe Wz. 18. PKW- und Zweiradverkehr
1½ Stdunden 5 Punkte

Dieser Weg wird auch unter Wz. 2 beschrieben (in umgekehrter Richtung). Von der Rückseite des Postamtes führt ein Verbindungsweg flußaufwärts und mündet beim Textilgeschäft und **Tapezierer Bernd Hollwöger** in die **Ischlerstraße** ein. Weiter ortsauswärts über die „**Reiterer-Brücke**" und knapp nach dem „**Tourismus-Ausbildungs-Zentrum**" nach rechts einbiegen. Vorbei an den **Tennisplätzen** und einer **Tennishalle,** vor der Einfahrt zum Kurhotel und **Sanatorium Dr. Freisleben** nach rechts über die **Altausseer Traun.** Weiter flußaufwärts und nach etwa 300 Metern über einen Fußgängersteg wieder auf die andere Flußseite. Durch schattiges Gelände und geringe Höhenunterschiede bis zur „**Sulzstubenbrücke**" (ehemalige Solestube), von wo wir einige hundert Meter links weiter eine Fahrstraße benützen, die dann über die „**Zigeunerbrücke**" in die Altausseerstraße einmündet. Vor dieser Brücke gehen wir aber geradeaus weiter flußaufwärts und erreichen nach etwa 30 Minuten beim **Hotel Kohlbacherhof** die Landesstraße. Jenseits der Straße führt der Weg weiter, am Hotel vorbei in wenigen Minuten zur **Seeklause** und nach links, das **Hotel Seevilla** passierend, zur Ortsmitte.

I. Spazierwege Bad Aussee

17 Über Kreuzangerweg nach St. Leonhard

Wenig frequentiert, kulturell interessant, zeitw. Wi.

Ausgangspunkt: Kurpark
Länge: 2 km
Durchschn. Gehzeit 1 Strecke:
3/4 Stunde   3 Punkte
Durchschn. Gehzeit hin und zurück:
2 Stunden   7 Punkte

Größter Höhenunterschied gegenüber Talniveau: 100 m
Besondere Ausrüstung: leichte Wanderausrüstung
Empfohlener Rückweg: Leonhardsiedlung, Hintenkogel, Reith, siehe Wz. 15 und 30

Vom **Ausseer Kurpark** gehen wir traunaufwärts nach Osten und queren den Fluß über den **Gamsensteg**. Über die **Gamsenstiege** führt der Weg bergauf zur **Mühlleitenstraße,** auf der wir uns nach links wenden. Über die **Tauscheringasse** weiter bis zur **Kirchengasse.** Nach etwa 100 Metern rechts weiter vor dem Steilstück des „**Gasteiges**" zweigt bei einer **Kapelle** rechts ansteigend ein Weg ab und führt über die Stufen des **Kreuzangerweges** mäßig steigend zur **St. Leonhardkirche,** die, an der alten Salzstraße gelegen, früher als „**die Fuhrleutkirche**" bezeichnet wurde. Die einst gotische Kirche wurde später barockisiert. Von Kennern werden die gut erhaltenen Altarbilder mit Motiven aus der Leonhard-Legende geschätzt. Wenn Sie mit dem Messner ein gutes Wort reden, wird er Sie in die sonst verschlossene Kirche begleiten. Sie finden ihn im Nebenhaus.

Als Variante bietet sich ein **Direktanstieg** aus der **Mühlleitenstraße** über den **Tauscherinweg** zum **Kreuzangerweg** an. Der Weiterweg kann nun auch entlang der alten Salzstraße über den **Xandlwirt** und **Almwirt** und weiter über die **Grubenstraße** nach Grundlsee genommen werden, was aber wegen der hohen Verkehrsbelastung nicht zu empfehlen ist.

Ruhiger haben Sie es, wenn Sie gegenüber der **Leonhardkirche** in den **Karl-Feldhammerweg** einbiegen und vorbei an der **Leonhard-Siedlung** zum **Hintenkogelweg** gehen, den Sie nahe einem großen Stallgebäude erreichen. Dieser Weg führt in westlicher Richtung über die **Ortschaft Reith** entweder nach dem schmalen Pfad durch Wiesengelände hinab zur **Richard-Eybner-Promenade,** oder über **Reithgasse, Gasteig** und **Kirchengasse** zum **Meranplatz** und zurück zum Ausgangspunkt.

I. Spazierwege Bad Aussee

17a Auf das Aussichtsplateau „Tauscherin"

Kurzer Steilanstieg, lohnende Aussicht.

Ausgangspunkt: Kurpark
Länge: 2 km
Durchschn. Gehzeit hin und zurück:
1 Stunde　　　　　　　　　　3 Punkte
Größter Höhenunterschied gegenüber Talniveau: 60 m

Besondere Ausrüstung:
leichte Wanderausrüstung

Empfohlener Rückweg:
über **Mühlleite** oder **Eselsbach**

Wie unter Wz. 17 beschrieben vom **Kurpark** bis zur **Mühlleitenstraße**, unmittelbar nach kurzem Linksschwenk rechts in den **Tauscherinweg** einbiegen. In einer Rechtskurve geht es dann steil bergauf zum Aussichtsplateau der **Tauscherin,** geradeaus kann man den Weg auch zum **Kreuzangerweg** fortsetzen (Wz. 17). Von der Tauscherin gibt es einen **Feldweg nach Eselsbach,** welchen man wiederum über die **Scheibnergasse** nach **St. Leonhard** fortsetzen kann. Eine weitere Rückkehrvariante ist der Abstieg nach Süden über die rechte Hangflanke zur **Mühlleite.** Beide Wege sind nicht markiert, daher eher im Frühjahr oder erst wieder **nach der Heuernte** zu empfehlen.

18 Kurzentrum – Himmelsleiter – Schloß Ramgut – Cramer-Promenade und zurück

Rundwanderweg, teilweise recht steil, gute Übersicht über den Kurort.

Ausgangspunkt: Kurzentrum
Länge: 3 km
Durchschn. Gehzeit:
1¼ Stunden　　　　　　　　4 Punkte
Größter Höhenunterschied gegenüber Talniveau: 70 m

Anforderungen an Kondition, Erfahrung und Ausdauer:
kurzfristige Belastbarkeit
Besondere Ausrüstung:
Wanderausrüstung

Zwischen **Kurzentrum** und **Reha-Zentrum** der PVA hindurch führt die **Braungasse** zur **Gartengasse,** die wir bei der **Kapelle** queren. Nun folgt ein steiler Anstieg über zahlreiche Stufen der sogenannten „**Himmelsleiter**", bis wir im Bereich der Villa **Klosterhof** unweit einer Kapelle auf der sogenannten „**Blutschwitz**" den **Frank-Thiess-Weg** queren, um über einen Karrenweg das **Schloß Ramgut** zu errei-

KURZENTRUM BAD AUSSEE
das Meerbad in den Alpen

Großes Hallenbad – Sauna und Türkisches Dampfbad

3 natürliche Heilvorkommen:
Sole, Soleschlamm, Glaubersalzquelle

Heilanzeigen:
Rheumatischer Formenkreis
Rehabilitation nach Unfällen und Gelenkserkrankungen

Funktionelle Kreislaufstörungen und
allgemeine Kräftigung des Organismus

Erkrankungen der Atmungsorgane
Bronchialkuren

Trinkkuren bei Erkrankungen von Leber, Gallenblase, Magen, Darm, unterstützend bei erhöhtem Cholesterin, Gicht und Diabetes

Ausseer Bewegungsschule gegen Wirbelsäulenschäden und Osteoporose

Regenerations- und Revitalisationskuren

Info: KURZENTRUM Bad Aussee, A-8990 Bad Aussee 361,
Tel. 0043/3622/53203-0, Fax 0043/3622/54830

I. Spazierwege Bad Aussee

chen. Nach ca. 300 Metern treffen wir in fast rechtem Winkel auf eine Wegverbindung, die von der nach Grundlsee führenden **Hennermannwaldstraße** in den Ort hinunter weist. Wir wenden uns hier nach rechts und passieren bergab wandernd das Gelände einer ehemaligen **Schi-Sprungschanze**. Direkt neben dem **Landeskrankenhaus** treffen wir auf die Grundlseerstraße, die wir noch an der Hausfront, wieder halbrechts abbiegend, verlassen. Über den **Neupersteg** kommen wir wieder zum **Kurzentrum**.

18 a Kurzentrum – Himmelsleiter – Gh. Stieger – Emil-Ertlweg – K.M.-Brandauer-Promenade – Bad Aussee

Rundgang, schöne Aussicht über den Kurort.

Ausgangspunkt: Kurzentrum
Länge: 3 km
Durchschn. Gehzeit:
1 Stunde   3 Punkte

Größter Höhenunterschied gegenüber Talniveau: 70 m
Besondere Ausrüstung: leichte Wanderkleidung

Anstieg wie unter Wz. 18 von der Nordseite des **Kurzentrums** bis zur „**Blutschwitz**", von dort aber geradeaus weiter bis **Obertressen**. Vom **Gasthaus Stieger** – Jausenstation, beste Küche – nach der **Sigmund-Freud-Straße** ca. 300 Meter in nordwestlicher Richtung weiter, dann bei einem Gehöft nach links abzweigen und zunächst über eine Wiese, dann steil ansteigend durch Wald zum **Elisabethheim** und nach Querung der Altausseerstraße traunabwärts nach Bad Aussee nach der **Klaus-Maria-Brandauer-Promenade** und **Elisabethpromenade**.

19 Höhenwanderung über Schwabenwald – Sixtleite

Rundwanderweg mit Panorama über den Kurort.

Ausgangspunkt: Kurpark
Länge: 2 km
Durchschn. Gehzeit:
1 Stunde   3 Punkte

Größter Höhenunterschied gegenüber Talniveau: 50 m
Besondere Ausrüstung: leichte Wanderausrüstung

I. Spazierwege Bad Aussee

Vom **Kurpark** über den **Kurparksteg** zum **Oppauer-Platz** (Oppau ist ein Stadtteil von Ludwigshafen und Partnerstadt von Bad Aussee) und nach Querung der **Bahnhofstraße** vom **Kaufhaus Steinhuber** traunaufwärts zur **Erzherzog-Johann-Promenade** mit Gedenkstein. Vor Wiedereintritt in das verbaute Gebiet noch vor Erreichen der sogen. „Marktleite" – einem sehr steilen Straßenstück – zweigt nach links steil bergan ein romantischer Stufensteig mit Ruhebänken ab und führt durch den **Schwabenwald** unterhalb der **Jugendherberge** vorbei zur sogenannten **Sixtleite,** einem ehemaligen Aussichtspunkt, der in den letzten Jahren leider stark verwachsen ist. Bei allem Respekt vor der Natur wäre hier eine Teilrodung zu rechtfertigen. Nach Durchquerung eines Mischwaldes betreten wir wieder freies Gelände und kommen – nicht ohne die schöne Aussicht zu genießen – über eine Reihe von Stufen beim Geschäft des für seine Trachtenspezialitäten bekannten **Textildruckers Sepp Wach am Krautberg** wieder in den inneren Markt.

■ 20 Rund um die Ortsbezirke Sarstein und Lerchenreith

Abwechslungsreich, gute Aussicht, Kurzausstiege und Abkürzungen möglich, Rundwanderung, teilw. Wi.

Ausgangspunkt: Kurpark
Länge: 8 km
Durchschn. Gehzeit:
2½ Stunden   8 Punkte

Größter Höhenunterschied gegenüber Talniveau: 50 m
Besondere Ausrüstung: Wanderausrüstung oder fester Halbschuh

Kurpark – Kurparksteg (Altausseer Traun) – vorbei am **alten Kurmittelhaus** – dann links weiter – **E-Werkbrücke** (Traun) – **E-Werk – E-Werksteg** (Traun) – weiter über die **Bahnhofpromenade** und vorbei an der **evang. Kirche** bis zur **FZM-Beckbrücke** (FZM = Feldzeugmeister). Nach Querung der **Bahnhofstraße** weiter über die untere **Bahnhofpromenade** durch Siedlungsgebiet parallel zur Traun und über den **Bahnhofsteg** zum **Bahnhof.** Weiter traunabwärts und vorbei an der **Kläranlage** erreichen wir nach 1,5 km den **Austeg** über die Traun. Auf der rechten Seite des Flusses steigen wir einen Karrenweg an zur Ortschaft **Sarstein.** Weiter geht es nach rechts vorbei an Gehöften (Urlaub am Bauernhof) und einzelnen Häusern in

I. Spazierwege Bad Aussee

Hugo Rubenbauer

Kurhaus-Konditorei und Museums-Galerie mit Aussichts-Café, Lebzelterei und Rasthaus

Tel. 03622/524-26 oder 529-43 (Museum)

nordöstlicher Richtung. Nachdem wir den vom Sommersbergsee kommenden Bach gequert haben, steigen wir wieder an und treffen im Bereich der **Hotel-Pension Wasnerin** auf die **Sommersbergseestraße.** Nach etwa 500 Metern biegen wir links in die **Wilhelm-Kienzelstraße** ein – können eventuell eine Rast oder eine Mahlzeit beim **Teichwirt** einlegen – und kreuzen wenig später die Bundesstraße 145 bei einer Ampelanlage. Knapp nach der **Rot-Kreuzstation** Marktleite zweigt links ein Waldsteig ab, der uns unweit der **Tennishalle** zur **Rudolfstraße** bringt. Wir wenden uns nach rechts und kommen über die **Elisabethpromenade** wieder in das Ortsgebiet.
Ab untere Bahnhofpromenade/Bahnhofsteg bietet sich zu diesem Weg auch eine **Kurzvariante** an: Gehen wir vor Überquerung des **Bahnhofstegs** rechts weiter, kommen wir zu einem Steig, der über viele Stufen zur **Öfnastraße** emporführt, die wir links von der Bundesstraßenbrücke kreuzen. Die Route führt weiter als **Teichgrabenweg** zur **Teichschloß-Siedlung** und weiter, nach rechts abbiegend über das **Wilhelm-Kienzel-Plateau, Teichwirt** . . . siehe oben.
Gehzeit für die Kurzvariante 1$^{1/4}$ Stunden, 4 Punkte.

I. Spazierwege Bad Aussee

■ 21 VIA ARTIS / Der Künstlerweg

siehe Text und Sonderprospekt

Ausgangspunkt: Kurpark
Länge: 12 km
Durchschn. Gehzeit ohne Ortsrundgang:
5½ Stunden   18 Punkte
Größter Höhenunterschied gegenüber Talniveau: 110 m

Anforderungen: mäßige Belastbarkeit
Besondere Ausrüstung: leichte Wanderausrüstung
Empfohlener Rückweg: Die **Via artis** kann auch in Teiletappen begangen werden.

Der Wanderweg führt vom Ausgangspunkt beim „Künstlerwinkel" im Kurzentrum zuerst in den Kurpark, dann auf das Ausseer Plateau mit den Ortschaften Reitern und Lerchenreith sowie das gegenüberliegende Obertressen, bevor er wieder zum Ausgangspunkt zurückführt.

TRACHTEN-MODE
STEINHUBER
BAD AUSSEE

Dirndl, Trachtenjanker, Walker, Kniebundhosen, Wanderblusen, Trachtenhemden, Wanderstutzen.

Der Weg hat fünf Stationen, die auf Grund der Gesamtweglänge am besten in drei Etappen erwandert werden:
1. Ortsrundgang; 2. Station I-IV (bis zur K.M.-Brandauer-Promenade, ca. 3$^1/_2$ Stunden); **3. Ab Emil-Ertl-Weg**/Altausseerstraße **zur Station V und zurück** zum Endpunkt „Künstlerwinkel" im Kurzentrum. Die Stationen II bis V haben folgende Themen zum Inhalt: **Mittelpunkt Österreichs, Wilhelm Kienzel, Richard Eybner, Nikolaus Lenau** (siehe auch Wz. 9, Altaussee) und **Hugo von Hofmannsthal.**
Verlangen Sie bitte den Sonderprospekt **VIA ARTIS – Künstler im Ausseerland,** erhältlich in allen Tourismusbüros und Kurverwaltungen.

Wz. 22 bis 24 reserviert für spätere Ergänzungen

I. SPAZIERWEGE IN GRUNDLSEE

25 Von der Seeklause nach Gößl über See-Südseite

Großteils schattig kühl, teilweise in steilem Gelände, **Vorsicht mit Kleinkindern.**

Ausgangspunkt: Seeklause oder Weißenbachbrücke
Länge: 7 km
Durchschn. Gehzeit 1 Strecke:
1³/₄ Stunden   6 Punkte
Durchschn. Gehzeit hin und zurück:
3¹/₂ Stunden   11 Punkte

Größter Höhenunterschied gegenüber Talniveau: 30 m
Besondere Ausrüstung: Wanderausrüstung
Empfohlener Rückweg: über See-Nordseite, siehe Wz. 26

Von der **Seeklause** in südlicher Richtung etwa 10 Minuten leicht ansteigend durch Mischwald. Nach links führt ein Weg zum **Freibad,** rechts weiter ansteigend trifft man auf die Fahrstraße zum Ortsteil **„Auf der Au".** Ab hier führt ein später schmäler werdender Fußsteig am Fuße des **Ressen (1299 m)** entlang, durch eine schattig-kühle Waldlandschaft mit herrlichen Ausblicken auf See und Gebirge, in den

Blick über den Grundlsee, Gößl, Gößlerwand, Elmberg.

I. Spazierwege Grundlsee

zu Gößl gehörenden Ortsteil „**Wienern**". Vorbei an einem **Jugendlager** wandert man – nun wieder auf einer wenig befahrenen Straße – vorbei am **Campingplatz** und am **Freizeitzentrum** direkt in den idyllischen Ort **Gößl.**
Schiffsanlegestelle der **einzigen Steirischen Schiffahrtslinie** beim **Gasthof „Rostiger Anker",** in dessen Nähe auch die Bushaltestelle liegt. Weiterweg zum Toplitzsee siehe Wz. 27 u. 28.

26 Vom „Gasthof am See", Lindlbauer, nach Gößl über See-Nordseite

Höhenweg, teilweise schattig, schöne Aussicht, Fotomotive, teilw. Wi.

Ausgangspunkt: Gasthof am See, Lindlbauer oder Seeklause
Länge: 6,5 km
Durchschn. Gehzeit 1 Strecke:
1½ Stunden 5 Punkte
Durchschn. Gehzeit hin und zurück:
3 Stunden 9 Punkte

Größter Höhenunterschied gegenüber Talniveau: 30 m
Besondere Ausrüstung: leichte Wanderausrüstung
Empfohlener Rückweg: über See-Südseite, siehe Wz. 25

Vom **Gasthof am See, Lindlbauer** führt bergwärts ein Weg und mündet nach 300 Metern in den **oberen Promenadeweg** ein, auf den wir nach rechts einschwenken. Der Höhenweg verläuft in einem Abstand von 50 bis 100 Metern parallel zum Seeufer, vorbei an der **Pfarrkirche** und dem interessanten **Friedhof** und bietet landschaftlich reizvolle Ausblicke. Durch Wiesen- und Waldgelände geht es weiter zu den Ortschaften **Rößlern** und **Gaiswinkel,** wo eine historische **Schießstätte** an die Zeiten **Erzherzog Johanns** erinnert. Der Weg wendet sich dann nach Südwesten in Richtung See und mündet nach Querung eines Bachlaufes in eine Forststraße ein. Nach einer weiteren Viertelstunde zweigt man an einer Gabelung nach rechts ab, um kurz vor dem **Gasthof Ladner,** der ebenfalls eine **Erinnerung an den Steirischen Prinzen** birgt, den See zu erreichen. Nach dem Gehsteig entlang der Uferstraße gelangen wir in etwa 20 bis 25 Minuten in den Ort Gößl.
Als verkehrsfreie Variante bietet sich von der Abzweigung zum Ladner der Weiterweg auf der **Panoramastraße** an, die zunächst den

I. Spazierwege Grundlsee

Zimitzbach quert, an der „**Schachenmühle**" vorbeiführt und die **Vordernbachalmstraße** kreuzt, um erst vor Gößl in die Uferstraße einzumünden.

27 Von Gößl zum Toplitzsee

Fahrstraße, aber nur Zubringerverkehr, kontrastreiche Landschaft, keine Steigungen, Wi.

Ausgangspunkt: Handweberei Grieshofer (Alte Volksschule)
Länge: 1,5 km
Durchschn. Gehzeit:
1 Stunde   3 Punkte

Empfohlener Rückweg: über **Ranftlmühle – Alexander-Baumann-Weg,** siehe auch Wz. 28

Von der **Handweberei Grieshofer** – der einstigen Volksschule in Gößl – biegt in rechtem Winkel zur Uferstraße ein Weg in den Ort Gößl

Die Liedersammlung und vor allem das „Steyrische Raspelwerk" Konrad Mautners sind nach wie vor in ihrem volkskundlichen Informationswert unübertroffen.

I. Spazierwege Grundlsee

Am Prinzensitz/Toplitzsee.

ab, wo er in der Nähe des **Gasthofes „Veit"** in eine abgeschrankte Fahrstraße einmündet (Zubringerverkehr). In kontrastreicher Landschaft unter der lotrechten **Gößler Wand** vorbei, welche noch Spuren von Testbeschüssen aus dem Zweiten Weltkrieg aufweist, zu einem Gedenkstein zu Ehren des Volkskundlers **Konrad Mautner** und weiter den **Toplitzbach** aufwärts zum Ausfluß des Toplitzsees. Eine gut erhaltene **Klausanlage** erinnert daran, daß der See bis vor wenigen Jahrzehnten zur Holztrift aufgestaut wurde. Eine umweltschonende Nutzung von Energie-Reserven! Rechts über die Brücke führt der Weg zum **„Erzherzog-Johann-Gedenkstein",** welcher vor einigen Jahren leider fast zu Tode restauriert wurde. An dieser Stelle hat **Erzherzog Johann** von Österreich die Ausseer Postmeisterstochter

I. Spazierwege Grundlsee

Anna Plochl kennengelernt, die er zehn Jahre später, nach zähen Verhandlungen mit dem kaiserlichen Bruder in Wien und unter Verzicht auf alle Erbrechte, zur Frau nahm. Ein kleines Stück weiter geht es zum **Prinzensitz,** der von einer Ruhebank aus einen beschaulichen Blick über den ganzen See bietet.

Von der Seeklause gerade weiter erreicht man nach 100 Metern die Bootsanlegestelle für die Motorplätten – einen Fußweg nach der anderen Seeseite gibt es nicht – und das in einem schattigen Uferwinkel liegende Restaurant **„Zur Fischerhütte".** Überfahrt mit Motorplätten zum Kammersee-Traunursprung.

Zwischen Toplitzsee und Kammersee wurde 1549 unter Kaiser Ferdinand I. in mühevoller Handarbeit ein 136 Klafter langer Schwemmkanal zur Holzbeförderung angelegt. Gehen Sie nicht achtlos daran vorbei!

Gefälsche Banknoten im Werte von hunderten Millionen Pfund Sterling wurden bei Ende des Zweiten Weltkrieges im Toplitzsee versenkt.

I. Spazierwege Grundlsee

28 Von Gößl über die Ranftlmühle zum Toplitzsee

Schattiger Waldweg, mäßige Höhenunterschiede, kulturell interessant, **Rundwanderung.**

Ausgangspunkt: Gasthaus Rostiger Anker, Bushaltestelle
Länge: 3 km
Durchschn. Gehzeit:
1 Stunde   3 Punkte

Größter Höhenunterschied gegenüber Talniveau: 30 m
Besondere Ausrüstung: leichte Wanderausrüstung, festes Schuhwerk
Empfohlener Rückweg: über **Konrad-Mautner-Gedenkstein** – Gasthof Veit

Vom **Gasthaus "Rostiger Anker"** zunächst in Richtung **Wienern** bis zur **Toplitzbachbrücke.** Nach der Brücke links in den Waldweg einbiegen und an der nach ca. 100 Metern erreichten Gabelung geradeaus über den **"Alexander-Baumann-Weg"** weitergehen. Der anfangs mäßig ansteigende Weg führt später in fast ebenem Verlauf an den **Toplitzsee.** Der Weg ist dem **Dramatiker und Mundartdichter Alexander Baumann** (1814–1857) gewidmet. Der bei

... in mühseliger Handarbeit wurde um 1549 ein Triftkanal zur Holzbringung vom Kammersee zum Toplitzsee geschlagen.

Erzherzog-Johann-Gedenkstein.

I. Spazierwege Grundlsee

erwähnter Gabelung rechts abzweigende Weg führt zu einer funktionsfähig erhaltenen **Mühle,** die den Namen des Malers **Mathias Ranftl** trägt und weiter zum **Stimitz-Wasserfall.** Nach diesem links einschwenkend erreicht man nach 200 Metern wieder den **Alexander-Baumann-Weg** und setzt die Wanderung nach rechts zum **Toplitzsee** fort.

29 Zu den Gößler-Wiesen

Landschaftlich reizvoll, botanisch interessant.

Ausgangspunkt: Gasthof Rostiger Anker
Länge: 1,5 km
Durchschn. Gehzeit hin und zurück:
1½ Stunden   5 Punkte
Größter Höhenunterschied gegenüber Talniveau: 30 m

Besondere Ausrüstung: leichte Wanderausrüstung
Empfohlener Rückweg: Nur bei trockenem Wetter und nicht nach Regenfällen über Stimitzbach und weiter durch feuchtes Wiesengelände – Ranftmühle n. Gößl.

Vom **Gasthof Rostiger Anker** in südlicher Richtung etwa 500 Meter die Straße nach **Wienern** entlang. Nach der Brücke über den **Stimitzbach** aus einer starken Rechtskurve geradeaus in einen Fahrweg abzweigen. Drei kleine Wohnobjekte bleiben rechts liegen, an der folgenden Weggabel nach links abbiegen. Geradeaus geht es nach dem Alpinweg Nr. 272 über die **Schneckenalm** ins **Öderntal** und eventuell weiter auf die **Tauplitzalm** oder nach **Bad Mitterndorf.** Siehe auch Wz. 78.

Wir gehen den schotterigen Almweg weiter inmitten von Bergwiesen mit vereinzelten Heuhütten. In der zweiten Maihälfte – zur Narzissenzeit – blühen hier zu Millionen die wilden Narzissen. Die sogenannte **Sternnarzisse** (N. stellaris od. poeticus) ist eine teilgeschützte Pflanze, einen kleinen Handstrauß darf man aber pflücken. Die Bestände wurden in den letzten Jahrzehnten durch die verschiedensten Einflüsse stark dezimiert. Alte Fotos bestätigen diese Beobachtung. Bei absolut trockenem Wetter, nicht nach Regenfällen und schon gar nicht zur Zeit der Schneeschmelze, kann der Weg nach Überquerung des **Stimitzbaches** über die **Ranftlmühle** bis zum Ausgangspunkt fortgesetzt werden. Im Zweifelsfall eher denselben Weg zurückgehen.

I. Spazierwege Grundlsee

30 Über Gallhof nach Bad Aussee
Landschaftlich schön, gute Aussicht, Fotomotive, fallweise PKW-Verkehr, Wi.

Ausgangspunkt: Bushaltestelle Weißenbachbrücke
Länge: 4 km
Durchschn. Gehzeit 1 Strecke:
1½ Stunden   5 Punkte
Durchschn. Gehzeit hin und zurück:
2½ Stunden   8 Punkte

Größter Höhenunterschied gegenüber Ausgangspunkt: 40 m
Besondere Ausrüstung: leichte Wanderausrüstung
Empfohlener Rückweg: Richard-Eybner-Promenade, Traun-Promenade, siehe Wz. 14.

Von der **Weißenbachbrücke** nach der (aus Richtung Grundlsee gesehen) links abzweigenden, leicht ansteigenden Straße und vor dem Sägewerk rechts über den **Weißenbach** und nochmals rechts abzweigend in die **Ortschaft Gallhof.** Durch leicht verbautes Gebiet, vorbei an einzelnen Gehöften und später durch den Wald wieder leicht ansteigend in die **Ortschaft Hintenkogel.** Weiter in den **Ortsteil Reith,** wo wir nach 500 Metern eine Weggabelung erreichen. Geradeaus geht

Auch ein Regentag muß nicht unbedingt Langeweile bedeuten!

I. Spazierwege Grundlsee

es nach einem Wiesenweg und dann steil bergab zur **Richard-Eybner-Promenade,** die wir nach links noch ein kurzes Stück weitergehen, um dann über die **Kirchengasse** zum **Meranplatz** zu gelangen.

Bleiben wir aber in **Reith** auf der Fahrstraße, kommen wir geradeaus auf die **alte Poststraße** und über den **Gasteig** (jähe Steigung) wiederum zur **Kirchengasse** und in den inneren Markt.

31 VIA ARTIS, Künstlerweg

Kulturwanderweg von der Seeklause den Grundlsee entlang nach Gößl und zum Toplitzsee. Über Ranftlmühle zurück nach Gößl, teilw. Wi.

Ausgangspunkt: Seeklause
Länge: 10,5 km
Durchschn. Gehzeit:
3 Stunden   10 Punkte

Anforderungen: Ausdauer, kulturelles Interesse
Besondere Ausrüstung: leichte Wanderausrüstung
Empfohlener Rückweg: über See-Südseite, siehe Wz. 25

Vier Stationen berühren die Punkte **Seeklause, Bräuhof, im Kreuz** und **Gößl.** Vermittlung kultureller Inhalte über Persönlichkeiten aus **Literatur, Wissenschaft, darstellende Kunst, Theater u.a. Wissenszweigen.**

Siehe auch Wz. 5 und 21.

Bitte verlangen Sie
den Sonderprospekt:

**„VIA ARTIS, Künstlerwege
im Ausseerland"**

VIA ARTIS

Künstlerwege
im Ausseerland

GRUNDL
SEE

Wz. 32 bis 33 reserviert für spätere Ergänzungen

I. SPAZIERWEGE IN PICHL-KAINISCH

Ödensee mit Kainischer Moor und Grimming.

34 Zum Ödensee

Ebener Wanderweg, teilw. Moorlandschaft, Rundwanderung, Wi.

Ausgangspunkt: Ortsmitte Kainisch
Länge: 3 km
Durchschn. Gehzeit:
2½ Stunden   8 Punkte

Besondere Ausrüstung: Wanderschuh, Halbschuh
Empfohlener Rückweg: Rundweg und zurück durchs Ödenseer-Moor

Etwa 100 Meter östlich vom Ortszentrum Kainisch zweigt ein Weg in südöstlicher Richtung ab und führt unter der **Umfahrungsstraße** hindurch. Nach Querung der **Bahnlinie** und der **Ödenseer-Traun** nehmen Sie zunächst die Straße rechts, leicht ansteigend am Hause Nr. 39 (Grieshofer) vorbei und zweigen 200 Meter weiter nach links ab. Der Weg führt nun durch botanisch hochinteressante und naturgeschützte **Moor-Biotope,** Wiesen und Wald. Sie passieren einen kleinen Dolinensee, den **sogenannten „Kalten See"** und wenig spä-

I. Spazierwege Pichl-Kainisch

ter den **"Warmen See"**. Der nachgewiesene Temperaturunterschied zweier so nah beieinander liegender Gewässer ist wissenschaftlich noch nicht geklärt. Wenig später treffen Sie östlich des Ausflusses an den **Ödensee,** der durch seine stille Abgeschiedenheit inmitten von Wäldern und Felsen beeindruckt. Für Ihr leibliches Wohl ist aber dennoch gesorgt, die **"Kohlröserl-Hütte"** ist leicht zu finden. Gönnen Sie sich auch noch die Zeit, rund um den See zu gehen.

35 Zu den Karstquellen "Strumern"

Gemütlicher Spazierweg, aber sehr eindrucksvoll.

Ausgangspunkt: Pichl Ortsmitte
Länge: 2 km
Durchschn. Gehzeit 1 Strecke:
3/4 Stunde   3 Punkte
Durchschn. Gehzeit hin und zurück:
1 1/2 Stunden   5 Punkte

Besondere Ausrüstung: leichte Wanderausrüstung
Empfohlener Rückweg: über **Mühlreith,** siehe Wz. 36

Vom **Haus Schmied** (ehem. Gasthof) führt der Weg zunächst der Straße entlang über die **Bundesstraße 145 (Überführung).** Unmittelbar nach der Überführung zweigt links ein Weg ab, der zum **Pichler-Moos** hinunter führt. Nach Überqueren des Bahnkörpers geht es weiter über die **Pichler-Brücke** und den **Mirtel-Graben.** Nach ca. 600 Metern kommt man dann zu den **"Strumern",** das sind Karstquellen, die besonders im Frühjahr überaus mächtig zu Tage treten. Ein Ziel für Naturliebhaber, deren innere Zufriedenheit nicht von Joggingleistung und KM-Stand abhängt.

36 Zur Traunquelle – Riedlbachklause

Anfangs eben, später mäßige Steigung, Wiesen- und Weideland.

Ausgangspunkt: Bahnhof Kainisch oder **Mühlreith**
Länge: 3 km
Durchschn. Gehzeit 1 Strecke:
1 1/4 Stunden   4 Punkte
Durchschn. Gehzeit hin und zurück:
2 1/2 Stunden   8 Punkte

Größter Höhenunterschied gegenüber Talniveau: 40 m
Besondere Ausrüstung: leichte Wanderausrüstung
Empfohlener Rückweg: entweder über **Heimreith** oder **Knoppenmoos,** siehe Karte und Wz. 37

I. Spazierwege Pichl-Kainisch

Vom **Bahnhof Kainisch** führt auf der rechten Seite des Bahndammes (Südwestseite) ein schmaler Fahrweg nach Osten in die Ortschaft **Mühlreith** und im folgenden Teil mäßig ansteigend zum „**Stiegeranger**". An der Gabelung zweigen wir nach rechts ab und kommen nach etwa 250 Metern zum Ende des Fahrweges. Wir zweigen wieder nach rechts ab und betreten einen Fußweg, den wir einige hundert Meter bis zu einer **Viehweide** verfolgen. Über eine kleine Holzbrücke queren wir den **Riedlbach** (auch Riedlbachtraun) und kommen wenig später zur **Hauptquelle,** die vor allem zur Zeit der Schneeschmelze in einem mächtigen weißen Strahl reinsten Trinkwassers aus dem Felsen hervorspringt. Die Quelle wird auch als **Mühlwasser** bezeichnet, da sie bis vor wenigen Jahrzehnten als Antrieb von Mühlrädern diente. Auf dem Rückweg nehmen Sie den Weg durch die **o.a. Viehweide.** Nach etwa 200 Metern kommen Sie dann zur „**Riedlbach-Klause**" (bitte nicht betreten). Hier wurde bis zur Jahrhundertwende das Wasser aufgestaut und zum Triften von Brennholz für die Ausseer Sudpfannen (Salinen) eingesetzt.

37 Knoppenmoos und Herbert-Zand-Gedenkstein

Beschaulicher Weg durch Wiesen- und Moorlandschaft umgeben von markanten Bergen

Ausgangspunkt: Gasthof Muß-Kuchler, Knoppen
Länge: 2 km
Durchschn. Gehzeit 1 Strecke:
3/4 Stunde　　　　　　　　　　3 Punkte

Durchschn. Gehzeit hin und zurück:
1 1/2 Stunden　　　　　　　　　5 Punkte
Besondere Ausrüstung: Wanderschuh

Vom **Gasthof Muß-Kuchler** in Knoppen etwa 100 Meter nach Osten in Richtung Bad Mitterndorf, dann nach rechts unter der **Bundesstraße 145** hindurch **(Unterführung)** und geradeaus weiter in die **Moorlandschaft Knoppler-** oder **Knoppener**

I. Spazierwege Pichl-Kainisch

Moos. Die naturgeschützten Latschenfelder zeichnen sich durch eine hochinteressante Kleinfauna aus. Bis vor wenigen Jahren wurde hier noch **Torf** abgebaut, der in der Landwirtschaft zu Streuzwecken Verwendung fand. Ein Wegweiser leitet Sie zum **Gedenkstein,** der an den heimischen **Dichter Herbert Zand (1913–1970)** erinnert. Eine beschauliche Rast führt vielleicht zur Erkenntnis, daß das Leben mit zu vielen Nebensächlichkeiten belastet ist.

38 Maria Kumitz – Kalvarienberg (936 m)

Kurzer Anmarsch, steiler Anstieg, schöne Aussicht, kulturell interessant, teilw. Wi.

Ausgangspunkt: Knoppen oder Obersdorf
Länge: 1,5 km
Durchschn. Gehzeit 1 Strecke:
3/4 Stunde   3 Punkte
Durchschn. Gehzeit hin und zurück:
1½ Stunden   6 Punkte

Größter Höhenunterschied gegenüber Talniveau: 120 m
Anforderungen: Ausdauer, mäßige Anstrengung
Besondere Ausrüstung: Wanderausrüstung

Von **Knoppen** oder auch von **Obersdorf** ist es bis zum Anstieg etwa 1 Kilometer, den wir parallel zu einer wenig befahrenen Straße in östlicher (bzw. westlicher) Richtung zurücklegen müssen. Es ist die **Route der alten Salzfuhrleute,** die ihre kostbare Fracht – Salz war einst das einzige Konservierungsmittel – auf vier- und sechsspännigen Wagen vom Ausseerland in Richtung Süden transportierten. Am Fuße des **Kumitzberges** liegt in einem gepflegten **Bergfriedhof** der erwähnte Literatur-Autodidakt **Herbert Zand** begraben. Erweisen Sie ihm die Ehre einer stillen Gedenkminute. Der Aufstieg zur **Wallfahrtskirche Maria Kumitz** führt steil durch Mischwald empor. Erfragen Sie aber vorher im Pfarrhof noch die Öffnungszeiten, die Kirche steht zu einsam, um unbewacht zu bleiben. Das Gotteshaus wurde im Jahre 1773 errichtet. Der Hochaltar, die Kanzel und der Tabernakel sind Werke des Mitterndorfer Holzschnitzers, Bildhauers und Malers **Johann Fortschecker.** Die aus dem 13. Jahrhundert stammende Glocke war bis 1874 in der Pfarrkirche zu Aussee. Mit ihr verbindet sich eine erwähnenswerte Odyssee. Im Zweiten Welt-

I. Spazierwege Pichl-Kainisch

krieg zum Einschmelzen verurteilt, wurde sie in Hamburg von einem Kunst- und kulturverständigen deutschen Offizier als besonders wertvoll erkannt und beiseite geschafft. Nach einer Irrfahrt durch mehrere österreichische Orte, die alle Mitterdorf und Mitterndorf hießen, landete sie Jahre nach dem Krieg wieder in ihrem Heimatort und führt seither den Beinamen **„Heimkehrerglocke"**. Wenn Sie die unerwartet wuchtige Kirche besichtigt haben, gehen Sie noch weiter bergan in östlicher Richtung zur **Kreuzigungsgruppe** auf dem eigent-

Maria Kumitz, Wallfahrtskirche, Votiv-Marterl.

lichen **Kalvarienberg.** Sie genießen von hier auch eine beachtliche Aussicht auf das breite Tal zwischen den Bergen der Tauplitzalm und dem Grimming.

Wallfahrtskirche Maria Kumitz

Wz. 39 bis 41 reserviert für spätere Ergänzungen

I. SPAZIERWEGE IN BAD MITTERNDORF

42 Über Bad Heilbrunn zum Salza-Stausee

Gemütlicher Spazier- und Wanderweg über das breite Mitterndorfer Becken, romantischer fjordähnlicher Stausee, Wi.

Ausgangspunkt: Gasthof **Schrottshammer** (Zauchenwirt) oder Schuhhaus **Falkensteiner**
Länge: ca. 6 km
Durchschn. Gehzeit:
1½ Stunden   5 Punkte

einschl. Stausee:
3½ Stunden   11 Punkte
Besondere Ausrüstung: leichte Wanderausrüstung
Empfohlener Rückweg: siehe Wz. 43

Vom Gasthaus Schrottshammer in Zauchen führt ein Weg in südlicher Richtung, kreuzt **Bundesstraße 145** und **Bahnlinie** und mündet in die Markierung Nr. 3. ein. Vor der Landwirtschaft **Stapfner** kann man auch den Weg nach rechts nehmen, um nach Heilbrunn zu gelangen. Schattiger Waldweg.

Folgt man dem geradeaus führenden Weg über den **Bauernhof Duckbauer,** trifft man wenig später auf den **Krunglerbach,** dem man nach rechts (bachabwärts) folgt. Von hier sind es noch etwa 20 Minuten bis **Bad Heilbrunn. Das moderne Kur- und Sportzentrum** mit 5-Stern-Hotel, **Thermal-Bad, Termalfreibecken, Terapiestation** u.v.a. lädt zu Rast und Erholung ein. Wie Funde beweisen, war die Therme übrigens schon den Römern bekannt, welche doch – gerade was Bäder betrifft – als verwöhnt und anspruchsvoll galten! Etwa 300 Meter nach dem Thermalbad und **Vitalhotel** treffen wir auf die Paß-Stein-Straße, die uns links weiter zum Stausee führt. Der einem Fjord ähnliche See schlängelt sich durch ein enges Tal, um nach etwa 6 Kilometern jäh an einer Staumauer zu enden. Unter Anglern gilt er als begehrtes Saiblings- und Forellengewässer. Die Straße durch den Paß-Stein ist seit einigen Jahren für den Verkehr gesperrt. Wegen der häufigen Steinschlaggefahr wird auch eine Begehung nicht empfohlen.

Eine **weitere Möglichkeit** bietet sich mit Ausgangspunkt beim Schuhhaus **Falkensteiner:**

Von dort in südlicher Richtung bis zur **Gärtnerei** und weiter vorbei an den **Tennisanlagen** bis zur **Unterführung** der Bundesstraße 145, die **Bahnlinie** kreuzend bis zum **Ortsteil Neuhofen.** Nach Querung

der **Heilbrunn-Straße** zweigt rechts ein **Weg (Nr. 20)** ab zum **Kraglgut.** Von dort weiter über Wiesen- und Waldgelände nach **Heilbrunn (Kurzentrum).**
Rückweg siehe erster Abschnitt über Gehöfte **Duckbauer** und **Stapfner** nach **Thörl** oder über **Gehöft Mühlegger** (Weg 15, 18, 19) zurück in den Ort.
Hin und zurück: 2½ Stunden 8 Punkte

42 a Bad Heilbrunn – Waldsteig am Stausee

Abwechslungsreicher Weg zunächst am See, dann durch Wald, Steigungen, Rund-Steig für Liebhaber.

Ausgangspunkt: Salza-Stausee nahe **Bad Heilbrunn**
Länge: 5 km
Durchschn. Gehzeit:
2 Stunden 7 Punkte

Größter Höhenunterschied gegenüber Talniveau: 100 m
Besondere Ausrüstung: Wanderausrüstung

Nach Bad Heilbrunn siehe Wz. 42 und 44 a. Am linken Seeufer (ostseitig) beginnt ein schmaler Steig, der stetig auf etwa 900 Meter Seehöhe ansteigt und dann durch bergiges Waldgelände wieder nach **Heilbrunn** zurückführt.

43 Bootswanderung auf dem Salza-Stausee

Einmal etwas anderes: Rudern zwischen steilen Bergflanken, die Landschaft erinnert hier an den hohen Norden.

Ausgangspunkt: An der Bootshütte ca. 500 Meter vom Seeanfang.
Länge: je nach Lust und Laune
Bootswanderung:
2 Stunden 7 Punkte

Anforderungen: keine, Sportruderer sind aber im Vorteil
Besondere Ausrüstung: Badezeug nicht vergessen, für Wandernadel nur mit Ruderbooten anrechenbar.

Ca. einen halben Kilometer nach dem Seeanfang steht einen **Bootshütte.** Dort wir Ihnen ein erfahrener Mann ein Boot anvertrauen und Ihnen alles sagen, was Sie wissen müssen. Es ist von Vorteil, auf

I. Spazierwege Bad Mitterndorf

Bad Mitterndorf mit Grimming (2351 m)

seinen Rat zu hören. Nach einstündiger Fahrt über den See fällt an der rechten Seite ein hervorspringender Felsen auf mit einem weithin sichtbaren **Herrgottskreuz,** welches den Wanders- und Fuhrleuten auf dem uralten Verbindungsweg, durch den Paß-Stein in das obere Ennstal, Schutz und Zuflucht vor Gefahren bedeutete. Nehmen Sie diese markante Stelle als Wendepunkt Ihres „Fjord-Abenteuers" und kehren Sie sicher zurück in Ihren Heimathafen.

44 Panoramaweg Bad Mitterndorf – Krungl – Kulm
Landschaftlich abwechslungsreich, schöne Fotomotive, teilw. Wi.

Ausgangspunkt: Ortszentrum	**Größter Höhenunterschied gegenüber Talniveau:** 140 m
Länge: 6 km	**Besondere Ausrüstung:** leichte Wanderausrüstung, gutes Schuhwerk
Durchschn. Gehzeit 1 Strecke: 2 Stunden 6 Punkte	
Durchschn. Gehzeit hin und zurück: 4 Stunden 12 Punkte	**Empfohlener Rückweg:** über **Graben – Hoisbauer – Thörl**

I. Spazierwege Bad Mitterndorf

Zwischen **Konsum** und **Bäckerei Gruber** zunächst etwa 200 Meter nach Norden, dann rechts abzweigen, vorbei am **Gehöft Passegger** in die **Ortschaft Thörl** und von der **Tauplitz-Alm-Mautstelle** in nordöstlicher Richtung in den idyllisch gelegenen **Ortsteil Prietal** (zwei Bauerngehöfte). Der Weg wendet sich wieder nach Süden und biegt noch vor Erreichen der Ortschaft Zauchen nach links (östlich) ab. Nach einer neuerlichen Rechtswendung (nach Süden) ist die **Bundesstraße 145** und später die **Bahnlinie** zu kreuzen. Wir passieren geschichtlichen Boden: Auf den Feldern vor der **Ortschaft Krungl** wurden 240 Gräber der Alpenslawen aus dem 7. bis 9. Jahrhundert n. Chr. freigelegt. Von hier stammen zahlreiche Exponate des Historischen Museums in Wien. Der **Gasthof Kanzler in Krungl** bietet auch die passende Umgebung für einen Imbiß oder je nach Tageszeit auch eine handfeste Mahlzeit. Vom südöstlichen Ortsrand geht es weiter, vorerst einen Feldweg entlang, dann über einen Waldsteig empor zur Jausenstation **Stangl/Kulm**.
Für Zünftige beginnt hier der **Anstieg zum Grimming, siehe Wz. 132 und 150.**

44 a Rundwanderung über Wald- und Wiesenweg nach Krungl und zurück

Ebener, abwechslungsreicher Weg.

Ausgangspunkt: Ortsmitte, Raiffeisenbank
Länge: 8–10 km
Durchschn. Gehzeit:
3½ Stunden   11 Punkte

Anforderungen: Ausdauer
Besondere Ausrüstung: leichte Wanderkleidung
Empfohlener Rückweg: über Zauchen oder Bad Heilbrunn.

Vom Ortszentrum zweigt von der **Raiffeisenbank** nach Südosten ein Weg ab und führt vorbei an **Hautpschule** und **Grimminghalle**, die **Bundesstraße** unter- und die **Bahnlinie** überquerend, durchwegs als Weg Nr. 2 markiert über das **Gehöft Hoisbauer**, den Ortsteil **Graben** nach **Krungl**. Übersehen Sie nicht die Abzweigung unmittelbar nach dem Bahnkörper nach links!

I. Spazierwege Bad Mitterndorf

Der Gasthof Kanzler in Krungl empfiehlt sich für eine Stärkung. Für den Rückweg bieten sich zwei Möglichkeiten an:
1. Von **Krungl** nordwärts, die **Bundesstraße** überquerend über **Zauchen** (Weg 1)
2. Von **Krungl** in südlicher Richtung bis in den **Ortsteil Graben** und weiter den **Krunglbach** entlang über das **Gehöft Duckbauer** zum **Kurzentrum und Thermalfreibad Heilbrunn,** in welchem schon die Römer Entspannung und Gesundheit fanden. Von dort parallel zur Straße nach Norden und beim **Gehöft Mühlegger** nach rechts abzweigen (Weg 18) über **Neuhofen** in den Ort.

45 Über Reith und Sonnenalm nach Obersdorf

Gemütlicher Weg durch locker verbautes Gebiet, schöne Ausblicke, Wi.

Ausgangspunkt: westlicher Ortsausgang
Länge: 3 km
Durchschn. Gehzeit 1 Strecke:
1 Stunde   3 Punkte
Durchschn. Gehzeit hin und zurück:
2½ Stunden   8 Punkte

Besondere Ausrüstung: leichte Wanderkleidung
Empfohlener Rückweg: über **Laasen-Weg** (22)

Von der **Kegelbahn** am westlichen Ortsende zweigt ein Weg nach rechts (nordwestliche Richtung) ab nach **Reith**. Dort zweigt der **Weg 17** nach links ab und führt hinter der **Wohnanlage Sonnenalm** vorbei, teilweise durch Wald direkt in die **Ortschaft Obersdorf**. Siehe auch Wanderung nach **Maria Kumitz** Wz. 38.

Obersdorf – ein Ortsteil von Bad Mitterndorf mit gut erhaltenem **Dorf-Charakter** – führt etwas abseits vom gesellschaftlichen Getriebe des Kurortes ein beschauliches Eigenleben. Es wird Ihnen gefallen.

I. Spazierwege Bad Mitterndorf

Narzissenwiese auf dem Weg von Knoppen nach Bad Mitterndorf.

Wz. 46 bis 48 reserviert für spätere Ergänzungen

I. SPAZIERWEGE IN TAUPLITZ

49 Zum Wasserfall

Leichter Spaziergang.

Ausgangspunkt: Ortsmitte, Kirche
Länge: 2 km
Durchschn. Gehzeit hin und zurück:
1½ Stunden   5 Punkte
Größter Höhenunterschied gegenüber Talniveau: 50 m
Besondere Ausrüstung: leichte Wanderkleidung, fester Schuh
Empfohlener Rückweg: über Gnanitzweg – Leinsteg – Ortsmitte

Von der Ortsmitte über den Ortsteil **Thörl** und vorbei am **Alpenbad** zur Ortschaft **Greith** ansteigen und immer der **Gnanitzstraße** folgen. Nach Anzweigung des Weges Nr. 275 auf die Tauplitzalm noch etwa 100 Meter weiter und dann rechts absteigen zum **Wasserfall**. Besonders reizvoll zur Zeit der Schneeschmelze und nach längeren Niederschlägen.

50 Über Wald- und Wiesenweg zum Freizeit-Zentrum

Leichter Spazierweg.

Ausgangspunkt: Ortszentrum, Kirche
Länge: 3 km (hin und zurück)
Durchschn. Gehzeit:
1½ Stunden   5 Punkte
Empfohlener Rückweg: entlang der **Gnanitzstraße** (Gnanitzalm) zur Talstation

Von der **Ortsmitte** zweigt bei der **Kirche** ein Weg in nordöstlicher Richtung zur **Umfahrungsstraße** ab, die wir queren. 500 Meter weiter zweigt links ein Wald- und Wiesenweg ab und führt leicht ansteigend zum **Freizeit-Zentrum, Alpenbad** und **Kinderspielplatz.** Parallel der von der Gnanitzalm herabführenden Fahrstraße führt der Rückweg bergab und mündet im Bereich der **Talstation** wieder in die Umfahrungsstraße.

I. Spazierwege Tauplitz

51 Von **Tauplitz nach Klachau** über Gehöft Winkler

Lieblicher Weg durch Wald und Wiesengelände, Wi.

Ausgangspunkt: Ortszentrum
Länge: 2 km
Durchschn. Gehzeit:
1½ Stunden   5 Punkte

Größter Höhenunterschied gegenüber Talniveau: 70 m
Empfohlener Rückweg: über die Ortschaft **Furth** nach **Tauplitz**

Vom Ortszentrum zunächst stark bergab bis zur **Kegelbahn** an der Umfahrungsstraße, nach deren Querung ein Weg über Felder und Wiesen und durch lichten Wald in südöstlicher Richtung bis zum **Gehöft Winkler** führt. Hier nimmt der Weg eine Wendung nach Südwesten und erreicht nach einem Abstieg das **Forsthaus Klachau** (rechts). Wenig später mündet er im Ortsteil **Schrödis** in die **Wörschachwald-Straße** ein, die nach rechts zum Bahnhof führt. Den Bahnhof links liegenlassend finden wir wenig später wieder links einen Fußweg, der uns nach Überquerung der Bundesstraße 145 nach **Furth** bringt. Von hier einen Steig in Richtung NNO zurück zur Ortsmitte.

51 a Über **Gehöft Petz nach Klachau**

Leichter Spaziergang, Wi.

Ausgangspunkt: Ortsmitte
Länge: 4 km
Durchschn. Gehzeit 1 Strecke:
1 Stunde   3 Punkte
Durchschn. Gehzeit hin und zurück:
2 Stunden   6 Punkte

Besondere Ausrüstung: Wanderkleidung
Empfohlener Rückweg: über Furth nach Tauplitz, siehe Wz. 51

Von der Ortsmitte bergab zur Ringstraße in Richtung **Kegelbahn** und vorbei am **Appartementhaus Ennstal** über einen Wald- und Wiesenweg zum **Gehöft Petz** und weiter in den Ortsteil **Schrödis**. Rückweg siehe Wz. 51.

I. Spazierwege Tauplitz

51 b Über Gehöfte Lurger und Schachner nach Klachau

Rundwanderung östlich des Ortes Tauplitz, abwechslungsreich.

Ausgangspunkt: Ortsmitte
Länge: ca. 6 km
Durchschn. Gehzeit:
1½ Stunden 5 Punkte
Größter Höhenunterschied gegenüber Talniveau: 100 m
Besondere Ausrüstung: Wanderausrüstung
Empfohlener Rückweg: von Schrödis über **Gehöft Winkler** n. Tauplitz, siehe Wz. 51

Von der **Kirche** in nordöstliche Richtung, Querung der Umfahrungsstraße und dann abwärts bis zum **Grimmingbach,** den wir über den **Leinsteg** überqueren. Leichter Anstieg zum **Gehöft Gasteiger,** weiter über **Gehöft Lurger** (ab hier Weiterweg zum Spechtensee, siehe Wz. 93) und **Schachner,** dann Abstieg über den **Schrödisboden** zur Ortschaft **Schrödis** an der Kreuzung der Bundesstraße 145 und der Wörschachwaldstraße. Rückweg über **Gehöft Winkler** wie unter Wz. 51. Abzweigung rechts 200 m vor der Bundesstraße.

52 Zum Freiberg

Rundwanderweg, mäßig steigend, gute Aussicht.

Ausgangspunkt: Umfahrungsstraße oberhalb der Talstation
Länge: 5 km (hin und zurück)
Durchschn. Gehzeit:
1½ Stunden 5 Punkte
Größter Höhenunterschied gegenüber Talniveau: 150 m
Besondere Ausrüstung: leichte Wanderkleidung

Vom Ausgangspunkt unweit der **Talstation** zweigt ein Weg nach Norden ab und führt – fast parallel zum Sessellift – vorbei an Reihenhäusern durch den Ortsteil **Hollam** zum **Gehöft Neef** und weiter in einer langen Rechtskurve wieder bergab zum **Freiberg.** Wir treffen hier auf den Weg Nr. 275, der vom Ort Tauplitz zur Tauplitzalm führt und diese westlich des Steirersees erreicht. Wenden Sie sich hier nach rechts, dann sind Sie in etwa einer halben Stunde wieder am Ausgangspunkt.

I. Spazierwege Tauplitz

53 Über Krungl nach Bad Mitterndorf

Reizvolle Talwanderung, abwechslungsreich.

Ausgangspunkt: Ortsmitte
Länge: 7 km
Durchschn. Gehzeit hin und zurück:
2 Stunden   6 Punkte
Größter Höhenunterschied gegenüber Talniveau: 80 m

Besondere Ausrüstung: leichte Wanderkleidung
Empfohlener Rückweg: Bad Mitterndorf – Thörl – Zauchen – Furt – Tauplitz nördlich der Bundesstraße, siehe Wanderkarte

Vom Ortskern zum westlichen Teil der Umfahrungsstraße und über das **Hotel Kulmhof** in den Ortsteil **Furt**. Nach Süden weiter und Überquerung der **Bundesstraße 145,** dann führt der Weg weiter nach **Krungl,** wo sich der **Gasthof Kanzler** für bekannt gute Küche und kleine Imbisse wärmstens empfiehlt. In einem Abstand von ca. 300 m zur Bahnlinie geht es weiter in westlicher Richtung. Nach 1,5 Kilometern treffen wir auf die zum **Gehöft Duckbauer** führende Fahrstraße. Wir wenden uns hier nach rechts, queren die Bahn und wenden uns dann nach links weiter parallel zur Bahn, um nach etwa 700 bis 800 Metern nach rechts die Bundesstraße zu überqueren. Wir passieren noch die **Grimminghalle** und treffen in wenigen Minuten am Marktplatz von Bad Mitterndorf ein.
Eine andere Möglichkeit führt uns von **Krungl** in südlicher Richtung in den **Ortsteil Graben** und weiter über das **Gehöft Duckbauer** (siehe oben), später durch Wiesen- und Waldgelände zum **Kurzentrum Bad Heilbrunn.** Hier haben Sie Gelegenheit, das Gesundheits- und Fitneßangebot für ein ordentliches Relaxing zu nützen, oder sich bei einem guten Kaffee einfach auszurasten. Der Weiterweg führt nach den örtlichen Wegnummern 15 und 18 nach Bad Mitterndorf. Umweg ca. 4 km, d.h.: zusätzlich 1 Gehstunde plus 3 Punkte.

54 6-Seen-Wanderung

Kleine Seenwanderung: Krallersee – Großsee – Märchensee – Tauplitzsee
Große Seenwanderung: Tauplitzsee – Aussichtspunkt mit Sturzhahnblick – Schwarzensee – Steirersee

I. Spazierwege Tauplitz

Wanderweg Lärchwald: Bergstation – Roßhüttenalm – Lärchwald – Tauplitzalmblick – Kaufhaus Lexer – Bergkirche
Fußweg: Zentralparkplatz – Bergkirche – Almzentrum
Tragen Sie bitte **pro Gehstunde 4 Punkte** ein.

Bitte verlangen Sie den Sonderprospekt!

6-Seen-Wanderung

in 1600 Meter Höhe

Tauplitzalm

Steirisches Salzkammergut

Erhältlich bei allen Verkehrsbüros.

Großsee, Tauplitzalm.

Wz. 55 bis 57 reserviert für spätere Ergänzungen

II. WANDERUNGEN IN ALTAUSSEE und Umgebung

58 Über den Tressensattel nach Grundlsee
Aufstieg auf den Tressenstein (1201 m), siehe Wz. 58 a

Romantischer Anstieg zum **Tressensattel** über Stufenweg, schattig, Kfz-Verkehr beim Abstieg nach Grundlsee.

Ausgangspunkt: Seeklause Atlaussee (gegenüber Hotel Seevilla)
Länge: ca. 6 km
Durchschn. Gehzeit 1 Strecke:
2½ Stunden   10 Punkte
Durchschn. Gehzeit hin und zurück:
5 Stunden   19 Punkte

Größter Höhenunterschied gegenüber Talniveau: 250 m
Besondere Ausrüstung: Wanderkleidung, fester Schuh
Empfohlener Rückweg: Traunpromenade – Obertressen – Dachsteinblick, siehe Wz. 4

Der Weg beginnt bei der **Seeklause** (Ausfluß) in Altaussee und führt parallel zum Seeufer in Richtung **Strandcafé.** Nach etwa 300 Metern, bei den letzten Bootshütten, geht es bei der Gabelung nach rechts bergan zum **Plattenkogel** und bald wieder fast eben durch Wald bis zu einer Lichtung. Dort gabelt sich der Weg neuerdings. Über eine kleine **Holzbrücke** queren Sie ein Bachbett und weiters die Forststraße zum **Strandcafé** (Fahrverbot) und gehen am rechten Waldrand leicht ansteigend bis zur **Villa Bartlhof,** die Sie links liegen lassen. Hier beginnt der eigentliche Anstieg zum **Tressensattel** bzw. **Tressenstein.** Zunächst entlang eines Fahrweges durch Mischwald, später über einen Waldsteig und letztlich unterhalb einer Felswand über **Steinstufen (den „Steig")** gehend erreichen Sie einen wunderschönen Aussichtsplatz über den See und seine reizvolle Bergkulisse. Von hier ist es nur mehr eine Viertelstunde bis zur **Jausenstation Trisselwand** am **Tressensattel.**

Der Abstieg nach Grundlsee erfolgt entweder über die schmale Fahrstraße durch den Ortsteil Eisbichl, oder über eine kürzere aber steilere Verbindung nach **Obertressen** (Hennermannwaldstraße).

II. Wanderungen Altaussee

58a Vom Tressensattel auf den Tressenstein (1201 m), Weg 258

Leichte Bergwanderung, vom Gipfel zur Aussichtskanzel Schwindelfreiheit erforderlich.

Ausgangspunkt: die Forststraße knapp vor der „Jausenstation Trisselwand"
Durchschn. Gehzeit hin und zurück:
1½ Stunden 6 Punkte
Größter Höhenunterschied gegenüber Talniveau: 450 m

Anforderungen an Kondition, Erfahrung, Ausdauer etc.: Übergang zur Kanzel nur für Schwindelfreie, ansonsten auch für Anfänger zumutbar.
Besondere Ausrüstung: Wanderkleidung, fester Schuh

Knapp vor Erreichen einer Bergwiese (aus Richtung Altaussee kommend), an deren gegenüberliegendem Rand die **Jausenstation Trisselwand** liegt, kommen Sie zu einer Forststraße, die Sie nach rechts etwa 100 Meter entlanggehen. Übersehen Sie nicht den rechts abzweigenden Anstieg Nr. 258. Der Weg führt zunächst durch lichten Wald und Schlägerungsgebiet, später durch schönen Hochwald und bald stärker ansteigend in Serpentinen zum **Gipfel (1201 m).** Wenn Sie an dem Sendemast des ORF vorbeigehen und ein kurzes Stück bergab wandern, kommen Sie zu einer kleinen **Felsenkanzel,** die eine überreiche Aussicht auf das Ausseer Becken bietet. Vorsicht, nur für **schwindelfreie, trittsichere** Geher zu empfehlen!

59 „VIA SALIS" – auf den Spuren der Bergleute

Hochinteressanter Natur- und Kulturwanderweg von Stollen zu Stollen, teilw. Wi.

Ausgangspunkt: Kurhaus Altaussee
Länge: 6 km
Durchschn. Gehzeit 1 Strecke:
2½ Stunden 10 Punkte
Durchschn. Gehzeit hin und zurück:
4½ Stunden 18 Punkte
Größter Höhenunterschied gegenüber Talniveau: 230 m

Anforderungen: Ausdauer und kulturelles Interesse
Besondere Ausrüstung: Wanderausrüstung, festes Schuhwerk
Empfohlener Rückweg: Moosberg – Waldgraben – Pflindsberg – Wasserfall – Altaussee, siehe auch Wz. 60, 70, 70a

Mit der Errichtung dieses Schaupfades zu aufgelassenen Stollen und bergmännischen Gedenkstätten im Bereich des **Altausseer Sandlings,** dem reichsten Salzlager Österreichs, ist einem langjährigen

II. Wanderungen Altaussee

Wunsch des Verfassers entsprochen worden. Dank sei an dieser Stelle allen, die daran in irgendeiner Weise mitgewirkt haben.

Die **VIA SALIS** führt vom Altausseer **Kurpark** zu insgesamt 11 ehemaligen bzw. noch aktuellen Abbaustätten des Salzbergwerkes. Sie betreten geschichtlichen Boden, denn nahezu 1000 Jahre läßt sich hier ein kontinuierlicher Bergbaubetrieb nachweisen. Bitte verlangen Sie den Sonderprospekt:

VIA SALIS
Naturwanderweg
„Von Stollen zu Stollen"
in Altaussee
(festes Schuhwerk erforderlich)

oder nehmen Sie die Gelegenheit einer Führung wahr.

60 Über den Salzberg zum Moosberg und weiter nach Lupitsch

Die ersten 3 km ist mit Kfz-Verkehr zu rechnen, reizvolle Höhenwanderung, siehe auch „VIA SALIS" Wz. 59, bis Salzbg. Wi.

Ausgangspunkt: Restaurant Berndl oder „Café Fischer", Altaussee
Länge: 8 km
Durchschn. Gehzeit 1 Strecke:
3 Stunden   12 Punkte
Durchschn. Gehzeit hin und zurück:
4½ Stunden   18 Punkte
Zusatzpunkte für Salzbergbesuch: 6
Größter Höhenunterschied gegenüber Talniveau: 300 m
Anforderungen: Ausdauer und ein wenig Kondition
Besondere Ausrüstung: Wanderausrüstung
Empfohlener Rückweg: ab **Waldgraben** über **Pflindsberg – Wasserfall** nach **Altaussee,** siehe Wz. 62, 66a, 70

*Eine Grubeneinfaht in das Salzbergwerk Altaussee mit der **Klaus-Maria-Brandauer-Bühne** sollten Sie nicht versäumen!*

II. Wanderungen Altausseae

Vom **Restaurant Berndl** führt eine Straße nordwärts in Richtung **Salzberg** (Einbahn in Gegenrichtung). Am ersten Wohnhaus vorbei auf der linken Straßenseite führt hangseitig ein schmaler Steig über den sogenannten „**Bühel**". Nehmen Sie diesen Steig, Sie ersparen sich dadurch den frequentiertesten Teil der Strecke (Loser-Rückverkehr) und treffen nach einigen hundert Metern wieder auf die **Salzbergstraße.** Nach einem 3-Kilometer-Fußmarsch und Überwindung von rund 200 Höhenmetern erreichen Sie das **Schaubergwerk.**
Wenn es Ihre Zeit erlaubt, sollten Sie eine Führung mitmachen. Das unvergeßliche Erlebnis einer 1^{1}/$_{2}$-stündigen Wanderung unter Tag zu den Abbaustätten und zur „**Klaus-Maria-Brandauer-Bühne**" am Salzsee werden Sie tief beeindrucken.
Nützen Sie eine allfällige Wartezeit für einen Besuch des hochinteressanten **Literatur-Museums im Steinberghaus** (Stollengebäude).

Auch Biker haben Freude an der Bewegung. Wir sollten versuchen, uns gegenseitiges Verständnis entgegenzubringen.

Die Forststraße über den Moosberg wurde für Biker freigegeben. Bei einiger Toleranz müßte für beide Interessen Platz sein.

II. Wanderungen Altaussee

Nach einem weiteren sehr steilen Anstieg zum **„Kriechbaumberg-Stollen"** und weiter zum **Moosberg** (Stollenaufschlag im Jahre 1209) bringt Sie ein breiter Forstweg (kaum befahren) hinunter in die Ortschaft **Waldgraben**, wo Sie ein weithin bekanntes Gasthaus mit bester Küche – **„Der Sarsteinblick"** – erwartet.

Von hier können Sie entweder den Rückweg zunächst wieder über einen unbefahrenen Forstweg zum **Pflindsberg** antreten und weiter über den **Wasserfall** nach Altaussee absteigen, oder über **Oberlupitsch** nach Lupitsch absteigen (mitunter starker Verkehr). Eine verkehrsfreie Variante bietet sich rechts abbiegend von oben erwähnter **Pflindsberg-Forstraße** über die „Klamm nach Lupitsch" an.

61 Altaussee – Blaa-Alm – Rettenbachalm – Bad Ischl

Reizvoller Weg durch eine Klamm, erster Teil schattig, ab Rettenbachalm Kfz-Verkehr, bis Blaa-Alm Wi.

Ausgangspunkt: Kurpark, Café Fischer oder **Restaurant Berndl**
Länge: ca. 16 km
Durchschn. Gehzeit:
4-5 Stunden   16 Punkte

Größter Höhenunterschied gegenüber Talniveau: 160 m
Anforderungen: Ausdauer
Besondere Ausrüstung: Wanderkleidung, festes Schuhwerk

Zunächst über den Wiesenweg zur **Blaa-Alm,** siehe Wz. 7. Etwa 250 m nach den Almhütten verästelt sich die Straße mehrfach, wir wenden uns nach rechts und nehmen an der nächsten Gabelung (100 m) die links stark bergab führende Straße. Nach 15 Minuten kommen wir in das tiefliegende **Rettenbachtal.** Der Weg wendet sich nun nach links und führt parallel zum Bachlauf durch die **Rettenbachklamm** zur steirisch-oberösterreichischen **Landesgrenze** und später durch einen Tunnel, der 1908 von Bergleuten zur Verlegung einer Soleleitung geschlagen wurde. Nach einigen hundert Metern weitet sich das Tal, der Weg führt wieder über starkes Gefälle zur **Rettenbachalm** (Jausenstation). Nach Überwindung der halben Wegstrecke ist eine Rast durchaus angebracht. Von hier weiter auf einer guten Forststraße, auf der allerdings mit PKWs und Transportfahr-

II. Wanderungen Altaussee

zeugen gerechnet werden muß, in etwa 1$^{1}/_{2}$ Stunden in die kaiserliche **Kurstadt Bad Ischl.** Falls es Kondition und Lust noch erlauben, lohnt sich vor Erreichen des Kurortes noch der Abstecher vom **Gh. Rettenbachmühle,** einem bekannten Ischler Ausflugsgasthaus, zur Klamm der **Rettenbach-Wildnis.** Besonders nach Regenperioden oder zur Zeit der Schneeschmelze geben die tosenden Wässer prächtige Fotomotive.

62 Ruine Pflindsberg – Trattenbach – Wasserfall

Rundwanderweg, sehenswert, historisch interessant, Winterweg bis Waldgraben, Wi.

Ausgangspunkt: Schneiderwirt
Durchschn. Gehzeit:
2$^{1}/_{2}$ Stunden   10 Punkte

Größter Höhenunterschied gegenüber Talniveau: 240 m
Besondere Ausrüstung: Wanderkleidung, festes Schuhwerk

Vom Gasthaus **Schneiderwirt,** welches übrigens Eigentum der freiwilligen Feuerwehr ist, zweigt ortsseitig in westlicher Richtung der nach dem **Dichter Jakob Wassermann** benannte Weg ab und trifft nach 500 Metern auf eine schmale Straße, auf der wir nach rechts weitergehen und bald, vorbei am **Hotel Hubertushof,** steil hinansteigen. Nach den letzten Wohnhäusern führt der Schotterweg durch Hochwald weiter bergan zu einer Weggabelung, an der man links – nun schon fast eben – weiterwandert. Über einen **Holzsteg,** der im Volksmund **Totenbrücke** genannt wird, geht es weiter auf ein freies Wiesengelände, welches in Erinnerung an das einstige Schloß Pflindsberg „**Schloßwiese**" (im Volksmund „Gschloßwiesen") heißt. An einer Heuhütte zweigt der Anstieg zu den Ruinenresten auf dem **Pflindsberg** ab. Der dem Salzberg vorgelagerte Pflindsberg war mit seiner Burg – erbaut 1248 unter Philipp v. Sponheim, Erzbischof von Salzburg – Sitz der Salzverweser und deren Beauftragter. Die Pflindsburg wurde bereits um 1750 unbewohnbar. Heute ist die Ruine sagenumwoben und Mittelpunkt von Legenden und Geschichten. Eine Schautafel informiert über die wichtigsten Daten. Nach Abstieg bis zur **Schloßwiese** geht es links ab durch Wald zum eindrucksvollen **Trat-**

tenbach-Wasserfall und weiter durch schattiges Gelände bergab bis zur Straße nach Lupitsch, die Sie unweit des **Gasthauses zur Schießstätte** erreichen.
Anstiegsvariante: Ein weiterer Weg zum **Pflindsberg** führt über den **Rambichl,** den wir über eine rechts abzweigende Anfahrtsstraße von der Lupitschstraße knapp nach dem **Gasthaus zur Schießstätte** erreichen.

Besuchen Sie uns auch im Winter

Die Schigebiete

ALTAUSSEE – LOSER und BAD MITTERNDORF – TAUPLITZ – TAUPLITZALM

bieten Schneesicherheit, Sonnenschein, bestgepflegte Pisten, Loipen und Abfahrten in herrlicher Landschaft von Dezember bis Mitte April

---

Wz. 63 bis 65 reserviert für spätere Ergänzungen

II. WANDERUNGEN IN BAD AUSSEE
und Umgebung

66 Bad Aussee – Schmiedgut – Sommersbergsee – Alpengarten

Landschaftlich reizvoll, schöne Aussicht, Fotomotive, **Rundwanderung,** teilw. Wi.

Ausgangspunkt: Tennishalle
Länge: 8 km, hin und zurück
Durchschn. Gehzeit 1 Strecke:
2 Stunden   8 Punkte
Durchschn. Gehzeit hin und zurück:
4 Stunden   16 Punkte
Größter Höhenunterschied gegenüber Talniveau: 210 m

Anforderungen: Ausdauer
Besondere Ausrüstung:
Wanderausrüstung, Badezeug
Empfohlener Rückweg:
Ischlberg – N.-Lenauhügel – Schmiedgut – K.M.-Brandauer-Promenade, siehe Text

Von der Ortsmitte durch die **Ischlerstraße** bis zur Abzweigung **Altausseerstraße,** dort geradeaus über die **Reitererbrücke** und nach rechts über die **Elisabeth-Promenade** bis zur **Tennishalle.** Dort zweigt links die Fahrstraße nach **Reitern** und **Schmiedgut** ab. Zwischen einzelnen Wohnhäusern steil bergauf kommen wir wieder in freies Gelände einzelner Landwirtschaften bis zur Wohnanlage „**Gletscherblick".** Nach einem kleinen Abstieg queren wir die Zufahrtsstraße nach Altaussee (Wimmtrasse). Dann zweigt links ein schmaler Fußweg ab, zunächst fast eben über Wiesen, dann bergauf durch Wald und erreicht nahe dem **Gasthaus Tannenwirt** (Busstation, dzt. geschlossen) die Pötschenpaß-Bundesstraße. An der Nordwestseite des Gasthauses zweigt die schmale Fahrstraße ab und führt ansteigend zum **Alpengarten** und **Waldlehrpfad.** Ein Besuch lohnt sich immer, vor allem aber zur Zeit der Hochblüte von Mitte Mai bis Juli. Rund **2500 verschiedene Blütenpflanzen, Sträucher** und **Bäume** aus dem gesamten Alpenraum werden dort gepflegt und betreut. Für unsere kleinen Begleiter ist ein **Kinderspielplatz** mit **Sandkiste** etc. eine angenehme Unterbrechung der Wanderung. Knapp nach dem Alpengarten zweigt rechts ein schmaler Fußsteig, über eine Wiese, später am Waldrand verlaufend, ab und bringt Sie in ca. 30 Minuten zum **Moorbad Sommersbergsee.** Ein angenehm warmer Moorsee von einigen Hektar Größe, von einem heute wieder sehr geschätzten Feucht-Biotop umgeben. **Seerosen, Narzissen** und andere botanische Besonderheiten

II. Wanderungen Bad Aussee

Der moorhältige Sommersbergsee erreicht of schon im Mai Badetemperaturen.

für Fotografen und Knipser. Auch eine kleine Gastwirtschaft ist vorhanden. Weitere Anstiege sind möglich
a) vom **Bahnhof** über **Fußgängersteg** (Traunfluß) und einen Steig mit vielen Stufen durch die Ortschaft **Öfna** und über das **Wilhelm-Kienzel-Plateau** (Teichschloß – Hotel-Pension Wasnerin oder Gasthof Teichwirt) – **Sommersbergsee-Straße,**
b) über den **Schindergraben** (Abzweigung links vor der Tennishalle), **Rotes Kreuz** – **Ampelanlage** an der Bundesstraße – **Teichwirt,**
c) von der **Bundesstraße** vor der **Esso-Station** links abzweigend über Felder und Wiesenweg zur **Sommersbergsee-Straße.**
Der Rückweg wird empfohlen nach den Wegen 14 und 21, siehe Wz. 9 und 66, vorbei am **Gehöft Sommersberger/Wasner – Ischlberg – Nikolaus-Lenauhügel.** Beim Feuerwehrdepot wird die Bundesstraße überquert, weiter den Anstiegsweg kreuzend führt ein Fahrweg durch verbautes Gebiet über das **Schmiedgut** hinab zum **Traun-**

Schützen, was wir schätzen.

Nicht alles geht mit Geld – aber vieles. Die Verantwortung, die darin liegt, und die damit verbundene Herausforderung nehmen wir gerne an. Das bedeutet für uns, im Umgang mit Geld nicht nur Zahlen zu sehen, sondern vor allem Ziele.

Es geht

wir wissen wie

Sparkasse Bad Aussee

II. Wanderungen Bad Aussee

fluß und nach der **„Klaus-Maria-Brandauer-Promenade"** zurück in den Ort.
Es gibt noch eine Reihe weiterer Wegvarianten, die Sie ohne weiteres den Beschilderungen entnehmen können.

66 a Waldweg Alpengarten – Lupitsch

Schattiger Waldweg.

Länge: 1 km
Durchschn. Gehzeit:
20 Minuten 1 Punkt

Besondere Ausrüstung: Straßenkleidung, fester Halbschuh

Ausgangspunkt: an der Straße vom **Tannenwirt** (derzeit geschlossen) zum **Alpengarten,** knapp oberhalb des Gasthauses. Von dort zunächst nach einem Forstweg in nordwestlicher Richtung, nach 100 m zweigt ein schmaler Pfad nach rechts ab. Gelbe Markierung. Der Weg verläuft (global betrachtet) parallel zur Bundesstraße 145, ist jedoch durch einen schmalen Waldstreifen von dieser getrennt. Wir queren eine Forststraße, die von der Bundesstraße kommend nach links ansteigt und zum **Sommersbergsee** führt. Wir wandern weiter durch dünnstämmigen Wald und passieren einen Stichweg, der rechts hinab über die Bundesstraße zur **Lupitscher Klause** führt und gehen nach Einmündung in die alte Trasse der Pötschenpaß-Bundesstraße (Verlegung um 1962) nach links weiter. Nach ca. 200 Metern Wegstrecke zweigen wir wieder rechts ab, biegen abermals in den schmalen Waldpfad ein und erreichen nach wenigen Minuten die **Bushaltestelle Lupitsch** an der Bundesstraße 145. Gegenüber zweigt nach rechts wieder die alte Straßentrasse ab und führt über den Ort Lupitsch (Ortsteil von Altaussee) entweder über Lichtersberg nach Altaussee, oder aber über den Ortsteil **Waldgraben** (Gasthof Sarsteinblick) – **Moosberg** oder **Pflindsberg** und **Wasserfall** nach **Altaussee.**
Den kleinen Weg vom **Alpengarten** nach **Lupitsch** verdanken wir der Privatinitiative und Eigenleistung des Altausseer Lehrers **Hans Grieshofer,** der zwei Jahre hindurch seine Ferien opferte, um unseren Gästen den Weg entlang der verkehrsreichen Bundesstraße zu ersparen. **Bitte vor den Vorhang!**

II. Wanderungen Bad Aussee

67 Zum Ödensee über Eselsbach und entlang der Traun

Weite Talwanderung, teilweise Kfz-Verkehr, landschaftlich schön, Rundwanderung.

Ausgangspunkt: Kurpark
Länge: 10 km
Durchschn. Gehzeit 1 Strecke:
2½-3 Stunden 10 Punkte
Durchschn. Gehzeit hin und zurück:
5½ Stunden 22 Punkte

Größter Höhenunterschied gegenüber Talniveau: 100 m
Anforderungen: Ausdauer
Besondere Ausrüstung: Wanderkleidung, ev. Badezeug
Empfohlener Rückweg: über Radlingpaß, siehe Wz. 68

Vom **Kurpark** über den **Gemsensteg** und die **Gemsensteige** zur **Mühlleithe** in die Ortschaft **Eselsbach** und hinter den **RIGIPS-Werken** vorbei bis zur Bundesstraße 145. Es ist leider nicht vermeidbar, nun ca. **1,5 km entlang der stark befahrenen Bundesstraße** gehen zu müssen (eine Trassierung auf der anderen Flußseite ist wegen einiger Lawinengänge nicht möglich), bevor wir über die **Wasen-**

OPTIK
PLEWKA GMBH

8990 BAD AUSSEE, HAUPTSTR. 49 · TEL. 03622/52776
4822 BAD GOISERN, HAUPTSTR. 109 · TEL. 06135/8273

Ihr Fachberater für

Seh- und Schutzbrillen,
Reparaturen und Zubehör.

Ferngläser und Kompasse
bester Marken

BAD AUSSEE, Hauptstraße
Tel. 0 36 22 / 52 7 76

II. Wanderungen Bad Aussee

brücke auf die andere Traunseite wechseln. Achtung: Dieser Teil ist aus technischen Gründen in der Karte nicht enthalten. Der Weg führt nun weiter flußaufwärts durch schattigen Wald, um in einer langgezogenen Rechtsdrehung den Ostrand des **Ödensees** zu berühren. Das Restaurant „**Kohlröserlhütte**" ist auf müde Wanderer bestens vorbereitet!
Nach einem gemütlichen Rundgang um den See und einem eventuellen Bad nehmen Sie den Rückweg über den **Radlingpaß** oder einfach die Bahn. Siehe auch Wz. 84.

68 Zum Ödensee über den Radlingpaß

Schöne Wanderung durch das Hochtal der **alten Salzstraße,** streckenweise Kfz-Verkehr, Rundwanderung, Wi.

Ausgangspunkt: Meranplatz/Spitalkirche
Länge: 10 km
Durchschn. Gehzeit 1 Strecke:
3 Stunden   12 Punkte
Durchschn. Gehzeit hin und zurück:
5½ Stunden   22 Punkte

Größter Höhenunterschied gegenüber Talniveau: 200 m
Anforderungen: Ausdauer
Besondere Ausrüstung: Wanderkleidung
Empfohlener Rückweg: über **Trauntal – Eselsbach,** siehe Wz. 67

Vom **Meranplatz** über die **Kirchengasse** – die **Pfarrkirche St. Paul** ist auf alle Fälle einen Besuch wert – in Richtung **Gasteig.** Vor dem ehemaligen **Hotel Sarstein** zweigt rechts ein Weg ab und führt über eine Reihe von Stufen den **Kreuzangerweg** hinan, der bei **St. Leonhard (alte Fuhrleutkirche)** in die **Radlingpaß-Straße** einmündet. Am **Xandlwirt** und **Almwirt** vorbei (oder nicht vorbei), immer leicht ansteigend durch die Ortschaften **Anger** und **Gschlößl** erreichen wir schließlich den **Radlingpaß.** Wir steigen nun über die Gamitzhöhe ab in den **Ort Kainisch** und zweigen aus der Ortsmitte nach rechts ab, überqueren die Bahnlinie und durchwandern eine interessante **Hochmoorlandschaft.** Kurz darauf passieren wir noch das eigenartige Phänomen des „**Kalten-**" und des „**Warmen Sees**". Der kalte See wird vermutlich aus einer Karstquelle gespeist, der warme aus dem Ödensee. Durch den Wald erreichen wir dann in wenigen Minuten das Restaurant-Schild, die „**Kohlröserlhütte.**"

II. Wanderungen Bad Aussee

Die alte Salzstraße über den Radlingpaß war bis um 1870 die Handelsverbindung der Ausseer nach Süden. Heute bildet sie eine Direktzufahrt von der B 145 nach Grundlsee.

69 Über den Tressensattel nach Altaussee

Zumeist schattiger Übergang, schöne Talblicke und Fotomotive, auch als Rundwanderung!

Ausgangspunkt: Meranplatz
Durchschn. Gehzeit 1 Strecke:
3 Stunden 12 Punkte
Durchschn. Gehzeit hin und zurück:
4 Stunden 16 Punkte
Für Ersteigung des Tressensteins:
1½ Stunden hin und zurück 6 Punkte
siehe auch Wz. 58 a

Größter Höhenunterschied gegenüber Talniveau: 320 m
Anforderungen: Ausdauer
Besondere Ausrüstung: Wanderausrüstung, festes Schuhwerk
Empfohlener Rückweg: Klaus-Maria-Brandauer-Promenade

Vom **Meranplatz** (Spitalkirche) nach der Grundlseerstraße vorbei am **Landeskrankenhaus** und dann auf dem Gehsteig weiter bis zur Traunbrücke im **Vorwerk** (Renaultwerkstätte Schiffner), die wir passieren. Knapp nach dem Installationsbetrieb Ing. Eder, an der Busstation **Untertressen,** zweigen wir links ab und gehen den stark ansteigenden Weg durch locker verbautes Wohngebiet, später durch Hochwald, immer der Markierung 10/19/20 folgend weiter. Nach etwa 20 Minuten kreuzen wir die Verbindungsstraße Altausse – Grundlsee (Hennermann-Waldstraße) und steigen nun einen schotterigen Waldweg weiter an bis zur Ortschaft **Sattel-Untertressen.** Wir passieren das rechts liegende **Gehöft Gratschner** und kommen nach einiger Zeit zur kleinen Ansiedlung von Bergbauern auf dem **Tressensattel** und zur **Jausenstation Trisselwand** (Rastl-Kaunz). Über eine flache Bergwiese geht es in nördlicher Richtung weiter in Richtung Hochwald, durch den der Abstieg nach **Altaussee** führt. Beachten Sie auch die Abzweigung zum Gipfel des **Tressensteins (1201 m),** siehe auch Wz. 58 a.

Nach einigen herrlichen Ausblicken auf den Altausseer See kommen wir zum sogenannten **Steig,** einem Steilabstieg über handgehauene Steinstufen, der uns wiederum in schönen Hochwald und später zu einer Forststraße bringt. Beim **Bartlhof** kommen wir wieder in besiedeltes Gebiet und gehen an der rechten Flanke des vor uns liegenden **Plattenkogels** direkt bis zur Seeklause, siehe auch Wz. 58.

70 Lupitsch – Waldgraben – Moosberg – Altaussee oder Waldgraben – Pflindsberg – Altaussee

Höhenübergang an der Südost-Seite des Sandlings, siehe Wz. 66 und 66 a bis Lupitsch.

Ausgangspunkt: Ortsmitte, **Ischlerstraße** oder **Alpengarten**
Durchschn. Gehzeit über Moosberg:
4 Stunden 16 Punkte
Durchschn. Gehzeit über Pflindsberg:
3 Stunden 12 Punkte
Zusätzlich für Salzbergbesuch:
1½ Stunden 6 Punkte

Größter Höhenunterschied gegenüber Talniveau: 370 m
Anforderungen: Ausdauer
Besondere Ausrüstung: Wanderausrüstung, gutes Schuhwerk
Empfohlener Rückweg: Klaus-Maria-Brandauer-Promenade
1 Stunde 4 Punkte

Bis zum Alpengarten nach Wz. 66, weiter nach Lupitsch siehe Wz. 66 a.

Zur Ihrer weiteren Information über **Geschichte, Kultur** und **Volkstum** des Steirischen Salzkammergutes empfehlen wir Ihnen an geruhsamen Tagen zwischen Ihren Spaziergängen, Wanderungen und Bergtouren:

KAMMERHOFMUSEUM BAD AUSSEE

Volkskunde • Höhlenkundliche Abteilung
Ortsgeschichte
Steirische Salinen- und Salzgeschichte
Sonderausstellungen

Geöffnet von April bis Oktober
Tel. 03622/52511-13
(Tageszeiten laut Anschlag)

KULTURZENTRUM STEINBERGHAUS

Literatur- und Heimatmuseum
Öffnungszeiten lt. Anschlag
und auf Anfrage
im Tourismusbüro
Tel. 03622/71643

ALPENGARTEN AUSSEERLAND

an der Bundesstraße 145 • Nähe Tannenwirt
2500 alpine Pflanzen und Sträucher
Waldlehrpfad, Schauraum, Kinderspielplatz

Geöffnet Mitte Mai bis September

Ortsgeschichtliche und Volkskundliche SAMMLUNG STRICK

Bad Mitterndorf Nr. 67

Masken, archäologische Funde, Gebrauchsgut u.v.a.

Tel. 03623/2217

II. Wanderungen Bad Aussee

Von der **Bushaltestelle** Lupitsch sind es knappe 250 Meter bis zum ehemaligen **Gasthaus Bachwirt** in Lupitsch. Hier mündet auch von rechts die Fahrstraße aus Richtung Altaussee ein. Geradeaus weiter nach der alten Pötschenstraße über den ziemlich steilen „**Harnischbühel**" und vor Erreichen der Bundesstraße rechts einbiegend kommen wir durch einen schönen Buchenwald immer steigend zur Ortschaft **Oberlupitsch/Neunhäuser** und nach der wenig befahrenen Straße weiter auf eine Anhöhe. Nach einem kurzen Abstieg zweigt links eine Forststraße durch den „Leisling" nach **St. Agatha/Bad Goisern** in Oberösterreich ab (ca. 2 Stunden). Wir gehen weiter die nun nach rechts biegende Fahrstraße und erreichen nach ca. 20 Minuten den **Waldgraben** – eine kleine bäuerliche Ansiedlung – mit dem bekannten **Gasthaus „Sarsteinblick"**. Ca. 100 Meter vor Erreichen des Gasthauses führt eine Forststraße in halbstündigem Anstieg zum **Moosberg**. Beachten Sie den alten **Stollen**, der schon im Jahre **1209** aufgeschlagen wurde, siehe auch VIA SALIS, Wz. 59. Die Straße ist für jeglichen Verkehr gesperrt, es gibt aber eine **Ausnahmegenehmigung für die Mountainbiker**. Bitte haben Sie dafür Verständnis! Diese **Biker-Strecke** führt von **St. Agatha** über die **Leisling**-Forststraße zum **Waldgraben** und weiter über **Moosberg – Steinberg** (Schaubergwerk, Kulturzentrum, Literatur- und Heimatmuseum) – **Blaa-Alm – Bad Ischl** wieder zurück nach **Bad Goisern**. Vom **Moosberg** geht es weiter, zunächst am Rande eines fast ebenen **Moorbodens**, später wieder auf eine Anhöhe steigend, wo wir über eine Kreuzung von Forststraßen gerade weiter und steil bergab zum **Schaubergwerk „Am Steinberg"** kommen. Sie sollten die Gelegenheit einer Führung in dieses Bergwerk wahrnehmen (oder dafür einen Schlechtwettertag benützen). Hier waren im Zweiten Weltkrieg Kunstschätze aus ganz Europa eingelagert. Berühmt ist auch die von **Klaus Maria Brandauer** initiierte **Bühne unter Tag.** Abstieg nach Altaussee ca. 40 Minuten.

II. Wanderungen Bad Aussee

70 a Lupitsch – Waldgraben – Pflindsberg – Altaussee

Höhenrundgang auf geschichtlichem Boden, bis Waldgraben Wi.

Ausgangspunkt: Lupitsch
Durchschn. Gehzeit:
3 Stunden　　　　　　　　12 Punkte
Größter Höhenunterschied gegenüber Talniveau: 300 m
Anforderungen: Ausdauer

Besondere Ausrüstung: Wanderausrüstung, festes Schuhwerk
Empfohlener Rückweg: Klaus-Maria-Brandauer-Promenade, 1 Stunde, 3 Punkte.

Alternative zu Wz. 70.

Anstieg von **Lupitsch** ein kurzes Stück nach der **alten Pötschenstraße,** dann rechts abbiegen und an einigen Häusern und an einem **Sägewerk** vorbei durch die **sogenannte Klamm** bis zum **Forstweg Waldgraben – Pflindsberg.** Diesen nach rechts weiter verfolgend auf die **Schloßwiese,** Anstieg zur **Ruine Pflindsberg,** siehe auch Wz. 62. Abstieg über **Trattenbach-Wasserfall** zum **Gh. Schießstätte,** oder die Schloßwiese hinab über den **Rambichl** nach Altaussee (Einmündung ebenfalls nahe Gh. Schießstätte),
eine dritte Möglichkeit ist der Abstieg über den unter Wz. 62 beschriebenen Weg zum Hotel **Hubertushof.** Abzweigung an einer Gabelung im Wald nach der Holzbrücke links.

Wz. 71 bis 73 reserviert für spätere Ergänzungen

II. WANDERUNGEN IN GRUNDLSEE und Umgebung

74 Von der Seeklause in die Weißenbachalm (1326 m), h.u.z. 4 Stunden, 16 Punkte

Siehe Wegbeschreibung unter Wz. 117, da die Weiterwege zum **Türkenkogel** und auf den **Kampl** doch eher als Bergtouren einzustufen sind.

75 Über den Tressensattel nach Altaussee

Anstieg teilweise Kfz-Verkehr, schatttiger Abstieg über Steinstufen und Wald, schöne Aussicht, siehe auch Wz. 58, bis Tressensattel Wi.

Ausgangspunkt: Kaufhaus Eder
Länge: ca. 6 km
Durchschn. Gehzeit 1 Strecke:
2½ Stunden   10 Punkte
Durchschn. Gehzeit hin und zurück:
5 Stunden   18 Punkte

Größter Höhenunterschied gegenüber Talniveau: 250 m
Besondere Ausrüstung: Wanderkleidung, fester Schuh
Empfohlener Rückweg: Dachsteinblick – Obertressen – Traunpromenade

Vom **Kaufhaus Eder** oder Treffpunkt „Kaffeehäferl" zweigt eine schmale Asphaltstraße in westlicher Richtung nach **Obertressen** und Altaussee ab. Nach 10 bis 15 Gehminuten gabelt sich der Weg, biegen Sie hier nach rechts ab und wandern Sie in stetiger Steigung ca. 2 Kilometer bis zur **Jausenstation Trisselwand** auf dem **Tressensattel** (963 m), von welcher der **Weg 233** zur **Trisselwand (Trisselberg)** abzweigt. Wandern Sie weiter über eine breite Bergwiese, eine Forststraße querend, die nach links zum Aufstieg auf den **Tressenstein** leitet (Weg 258), und zuerst durch Hochwald, später über den sogenannten „**Steig**" – einen Steilabstieg aus Steinstufen unterhalb einer senkrechten Felswand – und wieder durch Wald- und Schlägerungsgebiet nach der Schotterstraße hinab in bewohntes Gebiet. Weiterweg am **Fuße des Plattenkogels** wie auch unter Wz. 69 beschrieben.

II. Wanderungen Grundlsee

76 Zum Zimitzwasserfall und zur Zimitzalm (983 m)

Almwanderung unter den Steilwänden des Toten Gebirges, gute Fernsicht.

Ausgangspunkt: Gasthof Ladner am Grundlsee
Länge: 5 km hin und zurück
Durchschn. Gehzeit:
2½ Stunden   10 Punkte

Größter Höhenunterschied gegenüber Talniveau: 260 m
Besondere Ausrüstung: leichte Wanderausrüstung, Proviant
Empfohlener Rückweg: eventuell über **Forstweg** oberhalb der Alm und Abstieg auf **Alpinweg 213** und **214** nach Gößl

Etwa 150 Meter östlich des **Gasthofes Ladner,** der schon zu Erzherzog Johanns Zeiten ein Treffpunkt der Prominenz war, zweigt ein Weg von der Uferstraße nach Gößl in nördlicher Richtung (nach links) ab. Vorsicht: Es sind in letzter Zeit durch Forstarbeiten mehrere Steige entstanden, die Sie ablenken könnten. Nehmen Sie den breiten Fahrweg, der Sie in leichter Steigung bergwärts bringt. Nach ca. 200 Metern biegt links ein bequemer Fußweg ab, der nach einer Kehre wieder in Richtung des **Zimitzbaches** bergwärts weiterführt, teilweise direkt in den Fels gesprengt. Besonders zur Schneeschmelze und nach Regenfällen gibt es hier lebendige Fotomotive mit dem tosenden Wildbach. Wenn Sie nicht zu laut sind, haben Sie auch Chancen, unterhalb der Steilwände Gemsen zu sehen.

Am Fuße des **Reichensteins (1913 m)** weitet sich das enge Tal zu einem Kessel, der eine Almwiese birgt. Die Bewirtschaftung von Almen ist längst nur mehr eine Liebhaberei heimatverbundener Bauern, rentabel ist sie nicht. Schonen Sie Hütten und Gerät, auch wenn Sie niemand antreffen.

Durch die Wände des **Reichensteins** führen mehrere Klettertouren, die aber selten begangen werden. Von der Alm kann man auf schmalem Waldsteig ostwärts zu einem Forstweg aufsteigen und über ihn – später auf markierten Abkürzungen – **Gößl** erreichen. (Alpinwege 213 und 214).

II. Wanderungen Grundlsee

77 Von Gößl zur Vordernbachalm (1129 m)

Entweder über Forststraßen oder über steilen Waldsteig vom Ort Gößl, herrliche Tiefblicke.

Ausgangspunkt: Bushaltestelle Schachen oder Gößl/Handweberei Grieshofer, oder vor Gh. Veit links abzweigen
Länge: 6 km
Durchschn. Gehzeit:
2½-3 Stunden   12 Punkte

Größter Höhenunterschied gegenüber Talniveau: 410 m
Besondere Ausrüstung: Wanderausrüstung, Proviant, Getränk

Wer Wanderungen auf Forststraßen vorzieht, wird den Weg bei der Bushaltestelle **Schachen** beginnen und in Richtung **Schwaiberalm** aufsteigen. Beachtlich kürzer ist dieser Berggang von Gößl aus, wo mehrere Ausgangspunkte zur Auswahl stehen (siehe oben). Vor der mächtigen **Gößler Wand** führt der Steig in vielen Serpentinen steil hinauf durch Mischwald und trifft auf die von Schachen kommende Forststraße, der man in östlicher Richtung (nach rechts) folgt. Diese Stelle, an der die Straße direkt in den Fels gesprengt wurde, heißt im Volksmund **„das lustige Eck",** was wohl früher luftiges Eck geheißen haben mag. Es gibt einen großartigen Tiefblick auf den Grundlsee und die umliegenden Berge bis zum Dachstein. Bei einer Gabelung, aus welcher eine Stichstraße nach links zur **Schwaiberalm** abzweigt, geht man geradeaus weiter, steigt kurze Zeit bergab, um dann wieder sanft ansteigend die **Vordernbachalm** zu erreichen. Sie ist leider nicht mehr bewirtschaftet, wie viele andere Niederalmen. Sie befinden sich hier direkt über den zum Toplitzsee abfallenden Steilwänden. Der kleine Bach speist tief unter Ihnen den **Toplitzsee-Wasserfall.**

Beachten Sie auch die **Gedenktafel** an der Forststraße oberhalb der Almhütten. Sie erinnert an den Linzer Oberleutnant Wilhelm Werner, der am 26. Dezember 1911 mit einem Ballon oberhalb der Alm landete und erfror. Er wurde erst am 15. Mai 1912 gefunden.

II. Wanderungen Grundlsee

78 Über die Schneckenalm (1152 m) nach Bad Mitterndorf

Almübergang, Gelände teilweise feucht bis lehmig, doch lohnend; nicht bei regnerischem Wetter.

Ausgangspunkt: Gh. Rostiger Anker
Durchschn. Gehzeit 1 Strecke:
4 Stunden 18 Punkte
Größter Höhenunterschied gegenüber Talniveau: 430 m
Anforderungen: Ausdauer

Besondere Ausrüstung: Wanderausrüstung, festes Schuhwerk
Empfohlener Rückweg: von Kochalm mit PKW-Abholung oder ab Bad Mitterndorf per Bahn

Vom **Gh. Rostiger Anker** bis zum Fahrweg zu den Gößler-Wiesen wie unter Wz. 29 beschrieben. Aus einer langen Linkskurve zweigt geradeaus der **Alpinweg Nr. 272** parallel zum Lackenkogelbach ab und führt in steter Steigung durch Wald und teilweise recht sump-

Ein uralter Übergang, der schon von den Kelten benützt wurde.

II. Wanderungen Grundlsee

fig-lehmiges Gelände eine Forststraße querend – zur **Schneckenalm (1152 m).** Bis hierhin haben Sie mehr als 400 Höhenmeter überwunden und den Scheitelpunkt Ihrer Wanderung erreicht. Rast und Jause sind gerechtfertigt! Genießen Sie dabei den Tapetenwechsel, plötzlich in ein Nachbartal und auf die Berge der Tauplitzalm zu sehen. Ein kurzer Abstieg an den Almhütten vorbei bringt Sie zu einer Forststraße, die Sie aber am besten nur queren, um den Weg nach der **Markierung 272** fortzusetzen bis Sie die **Ödernalm-Forststraße** erreichen.

Sie wenden sich nun nach Südwesten (rechts), um nach knappen 1,5 Kilometern das **Gasthaus Kochalm** zu erreichen. Der Rest ist ein Fußmarsch von 1 bis 1 1/2 Stunden parallel zur Fahrstraße in den Nachbar-Kurort Bad Mitterndorf. Eine verkehrsfreie, aber etwas weitere Alternative bietet der von der Kochalm halbrechts abbiegende Weg 16 (örtliche Numerierung) über **Krautmoos** und **Reith** nach Bad Mitterndorf. Siehe auch Wz. 89. Lernen Sie bei anderer Gelegenheit auch das **Kur-, Sport- und Gesundheitszentrum Bad Mitterndorf-Heilbrunn** kennen!

Wz. 79 bis 81 reserviert für spätere Ergänzungen

II. WANDERUNGEN IN PICHL-KAINISCH und Umgebung

82 Von **Knoppen über Obersdorf nach Bad Mitterndorf** und **Bad Heilbrunn**

Ebener Wanderweg über das Mitterndorfer Becken, Wi.

Ausgangspunkt: Gh. Muß in Knoppen
Länge: 9 km
Durchschn. Gehzeit 1 Strecke:
2½ Stunden   8 Punkte
Durchschn. Gehzeit hin und zurück:
5 Stunden   15 Punkte
Anforderungen: Ausdauer

Besondere Ausrüstung: leichte Wanderkleidung
Empfohlener Rückweg: Bad Mitterndorf – Laasenweg (Weg 22) – Obersdorf – Knoppen oder ab Heilbrunn über Weg 20 – Kraglgut – Eckwald – Maria Kumitz nach **Knoppen**

Vom **Gh. Muß** in Knoppen in östlicher Richtung die **alte Salzstraße** entlang, vorbei am **Kumitzberg** (Aufstieg siehe Wz. 38) nach Obersdorf. Vom östlichen Ortsrand nach links abzweigend führt der Weg 17 über die Feriensiedlung **Sonnenalm** und die Ortschaft **Reith** in die Ortsmitte von Bad Mitterndorf. Von der Kirche nach Süden führen die Wege 18 und später Weg 15 zum Kur-, Sport - und Gesundheitszentrum **Bad Mitterndorf-Heilbrunn,** wo Ihnen Gelegenheit geboten wird, in jeder Weise für Ihr leibliches Wohl zu sorgen, sei es nun gastronomisch, sportlich oder therapeutisch.
Der Rückweg kann entweder über Weg 20 – **Kraglgut,** an der Gabelung nach Norden und an der nächsten Weggabel nach links nach Weg 14 bis über die Bahnlinie erfolgen, dann links weiter nach **Weg 22 (Laasenweg) über Obersdorf** zurück. Die Alternative dazu ist die Fortsetzung des Weges 20 von der ersten Gabel nach links und vor dem Anstieg zur **Steinitzenalm** eine Kehre nach rechts nehmen durch den **Eckwald,** über die **Bahnlinie** und weiter nach **Maria Kumitz** und **Knoppen.**

II. Wanderungen Pichl-Kainisch

83 Auf die Steinitzenalm
(keine Höhenangabe, ca. 990 m)

Anmarsch über Wiesen und Moorgelände, Anstieg über einen Karrenweg, guter Überblick über das breite Tal und die Berglandschaft. Fallweise einfache Bewirtschaftung.

Ausgangspunkt: Gh. Muß-Kuchler
Durchschn. Gehzeit hin und zurück:
3½-4 Stunden 16 Punkte
Größter Höhenunterschied gegenüber Talniveau: ca. 180 m

Besondere Ausrüstung: leichte Wanderkleidung, festes Schuhwerk, Proviant
Empfohlener Rückweg: über Weg 20 Eckwald – Maria Kumitz

Vom **Gasthof Muß** zum **Knoppenmoos** wie unter Wz. 37 beschrieben, **Querung der Eisenbahn,** unmittelbar nach dem **Bahnkörper** an der Gabelung die linke Straße weiter und nach 200 Metern an der nächsten Gabelung den rechtsseitigen Weg entlang, der dann bald in stetiger Steigung bis zur **Steinitzenalm** hinauf führt. An Abzweigungen auf Beschilderung achten! Verlassen Sie sich nie auf eine mögliche Bewirtschaftung. Almberechtigte und Sennerinnen sind zwar zumeist freundliche Leute, die aus ihrem Betrieb häufig Milchprodukte und fallweise Getränke anbieten, aber keine Gastwirte. Der Rückweg kann über Weg 20 (Anstieg zum Hochmühleck) erfolgen und weiter über **Eckwald, Kamp** und eventuell **Maria Kumitz** nach **Knoppen.**

84 Radlingpaß – Gschlößl – Straßen – Grundlsee

Wanderung entlang der **alten Salzstraße, Kfz-Verkehr,** landschaftlich schön, siehe auch Wz. 68, Wi.

Ausgangspunkt: Kainisch, westlicher Ortsrand
Länge: 10 km
Durchschn. Gehzeit:
3 Stunden 12 Punkte
Größter Höhenunterschied gegenüber Talniveau: 80 m

Anforderungen: Ausdauer
Besondere Ausrüstung: Wanderkleidung, Halbschuh, Turnschuh
Empfohlener Rückweg: eventuell nach der Traunpromenade bis zum Bahnhof Bad Aussee, 1½ Stunden, 6 Punkte; Rückfahrt per Bahn

Vom westlichen Ortsrand von **Kainisch** führt die **alte Salzstraße** in nordwestlicher Richtung durch locker verbautes Gebiet in unterschiedlicher Steigung auf den **Radlingpaß (853 m).** Von dort in landschaftlich anspruchsvoller Umgegung und vorbei an einzelnen Gehöften und Wohnhäusern über die Ortschaft **Gschlößl** nach **Anger** mit dem **Gasthaus Almwirt** (Imbiß – Jause – Mahlzeit). Diese Straße war bis zum Bau der Eisenbahnlinie Stainach-Irdning – Attnang-Puchheim im Jahr 1876 die einzige Verbindung des Ausseerlandes nach Süden. Diesen Weg fuhren auch die **Salzfuhrleute** mit 4- und 6-spännigen Pferdewagen. Knapp vor dem **Gh. Almwirt** zweigt nach rechts die sogenannte **Grubenstraße zum Grundlsee** ab, den Sie über die Ortschaft **Weissenbach/Gallhof** ab hier in etwa 40 Minuten erreichen. **Während der Badesaison** ist diese Wanderung wegen des starken Autoverkehrs **nicht zu empfehlen.** Dasselbe gilt auch für die Zeit des **Narzissenfestes** Ende Mai, wo tausende Tagesgäste für wenige Stunden in das Ausseerland strömen.

Ruhe und Entspannung
zwischen Ihren ausgedehnten Wanderungen
finden Sie in unseren reichsortierten

Leihbibliotheken

Kulturzentrum Steinberghaus Altaussee

Öffnungszeiten lt. Anschlag

Bad Aussee / Kammerhof

Dienstag u. Freitag

Bad Mitterndorf / Kurverwaltung

Dienstag u. Donnerstag

Wz. 85 bis 87 reserviert für spätere Ergänzungen

II. WANDERUNGEN IN BAD MITTERNDORF und Umgebung

88 Zur Simonywarte (1228 m) und Ledereralm

Schöne Höhenwanderung teils durch schattigen Wald, schöne Aussichtspunkte, Rundwanderung.

Ausgangspunkt: Ortsmitte zwischen **Bäckerei Gruber** und **Konsum**
Durchschn. Gehzeit:
3 Stunden 14 Punkte

Größter Höhenunterschied gegenüber Talniveau: 420 m
Besondere Ausrüstung: Wanderkleidung, festes Schuhwerk

Zwischen **Bäckerei Gruber** und **Konsum** ca. 200 Meter die **Kochalmstraße** entlang, dann auf die Abzweigung nach rechts achten (Weg 6). Am **Gehöft Passegger** vorbei zu einem lohnenden Aussichtspunkt mit herrlichem Blick auf das Dachsteinmassiv, der **Dr. Friedrich Simonywarte,** die nach dem berühmten Dachstein- und Gletscherforscher, Fotografen, Landschaftszeichner und Schriftsteller benannt wurde. Der Weg führt nun weiter zur bereits verfallenen **Ledereralm** und nach einem scharfen Abstieg über die **Tauplitzalmstraße** zur **Thomanhalt** und weiter entlang eines Fahrweges nach **Zauchen**.

89 Über Kochalm und Schneckenalm (1152 m) nach Grundlsee, Alpinweg Nr. 271/272

Abwechslungsreicher Übergang in das Nachbartal, nur bei trockener Witterung zu empfehlen, bis Kochalm Wi. Siehe auch Wz. 78.

Ausgangspunkt: Ortsmitte
Durchschn. Gehzeit Bad Mitterndorf – Grundlsee: 4 Stunden 18 Punkte
Durchschn. Gehzeit Bad Mitterndorf – Kochalm hin und zurück:
3½ Stunden 14 Punkte
Größter Höhenunterschied gegenüber Talniveau: 350 m

Anforderungen: Ausdauer
Besondere Ausrüstung:
Wanderausrüstung, festes Schuhwerk, Proviant, Getränk
Empfohlener Rückweg:
mit Bus bis Bahnhof Bad Aussee, Bahnverbindung; Schiffsverbindung bis Grundlsee/Gh. Lindlbauer

Zwischen Bäckerei **Gruber** und **Konsummarkt** in die **Kochalmstraße** und rund 1,5 Kilometer dem Salzabach entgegen. Entweder die Straße weiter nach Markierung 11, oder beim **Forsthaus Angern** halb-

Mein Sommer.
Meine Bank.

Die schönsten Wochen des Jahres. Ausschlafen, ausspannen, ausgehen.
Wandern, segeln, radfahren. Genießen, erleben – und nette Leute
kennenlernen. Zum Beispiel
auf der Bank. Schöne Ferien!

**Raiffeisenbank
Steirisches Salzkammergut**

II. Wanderungen Bad Mitterndorf

Blick vom Pötschenwald, Nähe Gh. Knödlalm, auf Bad Mitterndorf, Kampl, und die Vorberge der Tauplitzalm.

rechts abzweigen und über den **"Hans-Fraungruber-Weg"**, Weg 12, durch schönen Wald. Nach weiteren 1,5 Kilometern treffen Sie wieder auf die Straße zur **Kochalm,** die Sie ab hier in ca. $^3/_4$ Stunde erreichen.

Nach einer Stärkung in der **Jausenstation Kochalm** können Sie den Rückweg nach **Markierung 16** antreten und über die **Pichlmayrhalt, Krautmoos** und den **Ortsteil Reith** nach **Bad Mitterndorf** zurückgehen.

Gehzeit **Bad Mitterndorf – Kochalm** hin und zurück 3$^1/_2$ Stunden, 14 Punkte.

Der Weiterweg zur **Schneckenalm** führt zunächst knappe 2 Kilometer entlang der **Ödernalmstraße** die Salza aufwärts. Achten Sie auf die Abzweigung des **Alpinweges Nr. 271,** der Sie steil bergan, eine Forststraße kreuzend, durch teilweise moosig-lehmiges Gelände (Rutschgefahr) zur **Schneckenalm** bringt.

II. Wanderungen Bad Mitterndorf

An den Almhütten der Schneckenalm vorbei steigen Sie nun wieder durch teilweise sehr feuchten Grund ab und kommen unweit der **Gößlerwiesen** auf eine Schotterstraße, die wieder in die Uferstraße am Grundlsee einmündet. Wenden Sie sich nach rechts und Sie erreichen nach Querung von zwei Bächen den **Gasthof Rostiger Anker** oder schräg gegenüber den **Gasthof Hofmann** in Gößl. Die Wanderung in Gegenrichtung ist unter Wz. 78 beschrieben.

89 a Bad Mitterndorf – Kochalm – Ödernalm (1214 m)

Ödernalmstraße bis **Kochalm Kfz-Verkehr,** dann gesperrte Forststraße, romantisch; bis Kochalm Wi.

Ausgangspunkt: Ortsmitte
Länge: ca. 12 km
Durchschn. Gehzeit 1 Strecke:
3 Stunden   12 Punkte
Durchschn. Gehzeit hin und zurück:
5½ Stunden   22 Punkte

Größter Höhenunterschied gegenüber Talniveau: 400 m
Anforderungen: Ausdauer
Besondere Ausrüstung: Wanderkleidung

Bis **Kochalm** siehe Wz. 89, dann Weiterweg den Salzabach aufwärts vorbei an der Abzweigung zur **Schneckenalm, Weg 271,** und ab **Rechenplatz** stetig die fast unbefahrene Forststraße ansteigend zur Ödernalm. Die Wanderung ist im Süden durch die Steilwände des **Loweana (Lawinenstein)** vor intensiver Sonneneinstrahlung geschützt und daher auch an Sommertagen angenehm kühl.

Alternative:
Bis zur **Kochalm** kann der Weg auch über die **Ortschaft Reith, Krautmoos** und **Pichlmayer-Halt** genommen werden (örtliche Wegnr. 16). Etwas weiter, aber verkehrsfrei! Siehe auch Wz. 78 und 130.

Bitte beachten Sie auch das umfangreiche Programm an Wanderungen und Touren mit Ausgangspunkt Tauplitzalm, welche von Bad Mitterndorf über die Tauplitzalm-Alpenstraße auch per PKW erreichbar ist!

Wz. 90 bis 92 reserviert für spätere Ergänzungen

II. WANDERUNGEN IN TAUPLITZ-TAUPLITZALM und Umgebung

93 Tauplitz – Gehöft Lurger – Spechtensee (1051 m)

Gemütliche Wanderung über Gehöfte, Wiesen, Wälder in herrlicher Landschaft, teilw. Wi. Übergang Spechtensee – Hochmölbinghütte siehe Wz. 151 b.

Ausgangspunkt: Tauplitz Ortsmitte
Länge: ca. 11 km
Durchschn. Gehzeit:
3-4 Stunden   16 Punkte
Größter Höhenunterschied gegenüber Talniveau: 200 m
Anforderungen: Ausdauer

Besondere Ausrüstung: Wanderausrüstung, festes Schuhwerk
Empfohlener Rückweg:
über Wörschachwald – Gh. Dachsteinblick nach Lessern,
2½ Stunden   10 Punkte
oder Pürgg, Weg 278
3-3½ Stunden   14 Punkte

Von der **Kirche in Tauplitz** in nordöstlicher Richtung hinab zur **Umfahrungsstraße** und vorbei an einer **Kapelle** absteigen zum **Leinsteg** über den **Grimmingbach**. Weiter, nun immer ansteigend zu den **Gehöften Gasteiger, Lurger, Geweßler und Hechl,** dann wieder leicht abfallend entweder zum **Gh. Wörschachwalderhof** und nach der Straße weiter bis zum rechts abzweigenden Weg zur **ÖAV-Hütte am Spechtensee,** oder, die Abzweigung zum Wörschachwalderhof rechts liegen lassend, weiter über die **Gehöfte Ernst** und **Stadler** wieder zur **Wörschachklammstraße** und wenig später über obige Abzweigung **zum See.**

Der **Rückweg** kann vom See in westlicher Richtung wieder fortgesetzt werden, zunächst über mooriges, feuchtes **Biotop** am flachen **Seeufer,** später ansteigend zur Straße und nach Westen weiter. Bei der **Kirche** nach links abzweigen und ansteigen bis zum **Gh. Dachsteinblick** und in steilem Abstieg zum **Bahnhof Lessern.**

Für den Abstieg nach **Pürgg** stehen uns zwei Wege zur Verfügung,
a) ab **Gh. Dachsteinblick** in südöstlicher Richtung vorbei am **Gindlhorn** über den **Jungfraunsturz** nach **Pürgg,** oder über den **Brandanger** zur **Johanneskapelle** und nach Pürgg,
b) ab Gh. Dachsteinblick den etwas kürzeren **Weg 278** nach Pürgg.

II. Wanderungen Tauplitz-Tauplitzalm

Der Spechtensee, ein reizvoller Moor-Badesee und gesuchtes Ausflugsziel von Botanikern, Naturkundlern und Sportfischern.

93 a Klachau – Wörschachwald – Spechtensee (1051 m)

Entlang der **Wörschachwaldstraße**, mit Kfz-Verkehr ist zu rechnen, teilweise schattig, bis Wörschwachwald Wi.

Ausgangspunkt: Bahnhof **Klachau**
Länge: 8 km
Durchschn. Gehzeit:
3 Stunden   12 Punkte
Größter Höhenunterschied gegenüber

Talniveau: 270 m
Anforderungen: Ausdauer
Besondere Ausrüstung: Wanderkleidung
Empfohlener Rückweg: Wörschachwald – Pürgg oder **Lessern**, siehe Wz. 93

Vom **Bahnhof Klachau** entlang der **alten Bundesstraße** (Unterführung) nach Osten, dann links abzweigen in Richtung **Wörschachwald.** Entweder nach ca. 800 Meter (10–12 Minuten) links abzweigen und über **Gehöfte Schachner – Lurger – Geweßler** wie unter **Wz. 93** beschrieben, oder weiter nach der Fahrstraße bald in mäßiger Steigung und vorbei an prächtigen Ausblicken, die tief hinunter auf die Enge der Klachau und die dahinter liegenden Berge der Niederen Tauern weisen. **Über Wörschachwalderhof** weiter **wie unter Wz. 93.**

94 Tauplitz – Lessern – Pürgg
Wald- und Wiesenweg, teilw. Wi.

Ausgangspunkt: Bahnhof Klachau
Länge: ca. 8 km
Durchschn. Gehzeit 1 Strecke:
2 Stunden   8 Punkte
Durchschn. Gehzeit hin und zurück:
4 Stunden   16 Punkte

Größter Höhenunterschied gegenüber Talniveau: 50 m
Besondere Ausrüstung: Wanderkleidung, gutes Schuhwerk
Empfohlener Rückweg: über **Gh. Dachsteinblick – Lessern – Klachau** oder **Gh. Gindl – Lessern – Klachau**

Pürgg, ein steirisches Bilderbuchdorf auf geschichtlichem Boden.

Vom **Bahnhof Klachau** ein Stück an der **alten Bundesstraße** (alte Klachau) in östlicher Richtung und beim Haus Nr. 15 (Pichler) nach links abbiegen. Nun führt der Weg über den **Grimmingbach unter Bahn und Bundesstraße** durch und weiter parallel zur Bahn nach Lessern und von dort stetig steigend nach **Pürgg.** Pürgg war einst eine mächtige Pfarre, der auch das heutige Bad Mitterndorf angehörte. Besuchen Sie auch die **barockisierte Pfarrkirche** und die **Johanneskapelle** mit ihren Italo-Byzanthinisch beeinflußten Fresken (1160–65). Auffälligstes Motiv: der Katzen- und Mäusekrieg. Ebenso sehenswert ist auch der Karner. Pürgg wird auch im Volksmund als **„das Steirische Kripperl"** bezeichnet.

II. Wanderungen Tauplitz-Tauplitzalm

95 Tauplitz – Furt – Kulm – Klachau

Rundwanderung, Rundgang über den westlichen Ortsteil zur berühmten **Kulmflugschanze** und zurück, schöner Ausblick, bis Furt Wi.

Ausgangspunkt: Ortsmitte	**Größter Höhenunterschied gegenüber**
Länge: 10 km	**Talniveau:** 130 m
Durchschn. Gehzeit 1 Strecke:	
3 Stunden 10 Punkte	**Besondere Ausrüstung:**
Durchschn. Gehzeit hin und zurück:	leichte Wanderkleidung
4 Stunden 14 Punkte	

Von der **westlichen Ringstraße** (Umfahrung) bergab bis zur Abzweigung beim **Frisiersalon** und nach rechts weiter in die Ortschaft **Furt.** Weiter nach Süden durch die **Straßenunterführung** der Markierung bis zur **Kulmschanze** folgend und einen Waldweg empor zum **Gehöft Kulmbauer.** Eine schmale Asphaltstraße führt weiter zur **Jausenstation Kulm/Stangl.** Von hier geht es weiter in östlicher Richtung bergab und dem **Kulmbachl** entlang zur **alten Klachaustraße** und links weiter nach **Klachau.** Zweigen Sie nach rechts ab, bevor Sie zum Bahnhof kommen. Von der **Wörschachwaldstraße** führt ein Weg nach Nordwest über das **Gehöft Winkler** zurück nach Tauplitz. Siehe auch Wz. 51 und 51 a.

96 Von **Tauplitz zum Liegl-Loch** (1280 m)

Halbtageswanderung zu einer Höhle, schöne Aussichtspunkte auf Tal und **Grimming.**

Ausgangspunkt: Talstation	**Besondere Ausrüstung:**
Durchschn. Gehzeit hin und zurück:	Wanderkleidung
3 Stunden 12 Punkte	

Von der **Talstation** führt der Weg in nördliche Richtung zunächst zur Ortsumfahrung und dann aus dieser geradeaus weiter immer parallel zur Sesselbahn bis zur **Mittelstation.** Vor Erreichen einer Brücke zweigen Sie nach links ab und kommen nach etwa 20 Minuten stark ansteigend zu einer am Nordende der **Bergerwand** liegenden Höhle, dem „**Lieglloch**". Die Höhle mit ihrem fast 10 m breiten Portal ist nur 100 m lang, aber durch **prähistorische Funde** bekannt geworden. Unter **Denkmalschutz** seit 1948. Der Abstieg erfolgt über denselben Weg oder ab Mittelstation in einer Schleife über das **Gehöft Neef** und den **Freiberg** zurück zur Ortsumfahrung.

II. Wanderungen Tauplitz-Tauplitzalm

97 Von Tauplitz zur Gnanitzalm (1098 m),

Anspruchslose Tageswanderung in das Tal des Grimmingbaches. Almwirtschaft: Milchprodukte, Getränke und Jause von Juni bis Mitte September.

Ausgangspunkt: Nordbogen der Ortsumfahrung oder Kirche, Leinsteg
Durchschn. Gehzeit 1 Strecke:
2½ Stunden 10 Punkte
Durchschn. Gehzeit hin und zurück:
4½ Stunden 20 Punkte
Größter Höhenunterschied gegenüber Ort: rd. 200 m

Anforderungen: Ausdauer, Wanderausrüstung
Empfohlener Rückweg: Ab Greithbauernhalt von der Gnanitzalmstraße nach links abzweigen und nach dem Wander- und Fahrweg über Gehöft Lurger – Leinsteg zur Ortsmitte zurück.

Vom Nordbogen der Ortsumfahrung führt in nordwestlicher Richtung (siehe auch Wz. 146) über die Ortsteile Törl und Greith eine Interessentenstraße (Bauern, Jagd, Almberechtigte) in die Gnanitzalm. Wir passieren die Abzweigungen der alpinen Wege Nr. 275 (Steirerseehütte) und Nr. 216 (Rieshöhe – Leistalm) und biegen nach etwa 45 Minuten ca. 200 Meter nach dem Fischteich nahe der Greithbauernhalt links in einen Forstweg ein, der parallel zum Verlauf des Grimmingbaches talaufwärts führt. In der Nähe der Böhmhütte (unbewirtschaftet) treffen wir wieder auf den entlang der Gnanitzalmstraße verlaufenden Weg Nr. 2 und erreichen wenig später nach einem starken Rechtsbogen die Gnanitzalm. Zahlreiche Wander- und Bergtouren können von hier unternommen werden, wie z.B. **Interhütten – Steirersee – Tauplitzalm (Wz. 146) / Leistalm – Salzsteigjoch – Hinterstoder (Wz. 147) / Almkogel (Wz. 145) / Türkenkarscharte – Hinterstoder (Wz. 148) / Hochmölbinghütte (Wz. 149),** u.v.a.

Von Juni bis Mitte September gibt es auch eine bewirtschaftete Almhütte mit Milchprodukten, Jause und Getränken, was besonders für unsere jungen Begleiter wichtig ist, die manchmal sogar vor der „Hechl-Hütte" grillen dürfen.

Eine verkehrsfreie Anstiegsvariante bietet sich über den Weg Nr. 6 von der Kirche über Leinsteg und Gehöft Lurger an (hier nach links abzweigen und ansteigen), die beim erwähnten Fischteich wieder zur Gnanitzalmstraße führt. Weiterweg siehe oben.

Wz. 98 bis 99 reserviert für spätere Ergänzungen

III. BERGTOUREN IN ALTAUSSEE und Umgebung

100 Auf den Gipfel der Trisselwand (1755 m), Weg 233 (auch Trisselberg oder Trisselkogel)

Lohnender Aussichtsberg, Panoramasicht.

Ausgangspunkt: Tressensattel
Durchschn. Gehzeit hin und zurück:
4 1/2 Stunden   20 Punkte
Größter Höhenunterschied gegenüber Talniveau: 1030 m
Anforderungen: Ausdauer, Bergerfahrung
Besondere Ausrüstung: Bergausrüstung, festes Schuhwerk, Proviant, Getränk

Empfohlene Übergänge:
- **Tressensattel – Schoberwiese – Appelhaus,** siehe Wz. 100, Wege 233/234
  5 Stunden   22 Punkte
- **Appelhaus – Almberg – Grundlsee,** siehe Wz. 100, 118, 118 a, Weg 235
  3 Stunden   14 Punkte
- **Appelhaus – Loserhütte,** siehe Wz. 104, Weg 201
  4 Stunden   18 Punkte
Bei Ausgangspunkt Altaussee oder Bad Aussee Tal   zus. 4 Punkte.

Vom **Tressensattel,** der von Altaussee, Bad Aussee und Grundlsee auf markierten Steigen erreichbar ist (siehe auch Wz. 58, 69) oder eben über die Fahrstraße von Grundlsee **Mosern,** führt vom **Gasthof Trisselwand** in nordöstlicher Richtung (oder von dem in Richtung Altaussee liegenden Waldrand) über eine Bergwiese der markierte Weg dem Hochwald entgegen. Zuerst durch steilen, teils zerklüfteten Wald, später über freies Gelände auf einen Bergrücken, von welchem man sowohl auf den **Altausseer-** als auch auf den **Grundlsee** hinuntersieht. Bester Überblick über das gesamte Ausseer Becken und die umliegende Bergwelt. Über das sogenannte **Riebeisen,** eine in den Fels gehauene Querung, die in den letzten Jahren durch Sprengungen entschärft wurde, und ein paar Kehren in lockerem Geröll gelangt man, am links liegenden **Ahornkogel** vorbei, in einen breiten Kessel. Geradeaus weiter führt der in seiner Länge immer unterschätzte **Weg Nr. 234** zum **Albert Appelhaus.** Die bei Schneelage leicht zu übersehende Markierung auf einem Stein weist uns den **Weg Nr. 233 zum Gipfel der Trisselwand,** den wir in einer halben Stunde erreichen können.

III. Bergtouren Altaussee

Vom Tressensattel findet der "Zünftige" einen hervorragenden Einblick in die Kletter-touren der Trisselwand.

_____	1 Raiffschneider	Schwierigkeit 5+
_____	2 Paul Preuß	Schwierigkeit 4
_____	3 Haim-Raudaschl	Schwierigkeit 4+
_____	4 Reinl	Schwierigkeit 3
_____	5 Stüger	Schwierigkeit 4
_____	6 Dr. Hofer	Schwierigkeit 4+
_____	7 Edelbauer-Wach	Schwierigkeit 5
_____	8 Leitner-Trötthahn	Schwierigkeit 5+

Durch die Trisselwand führen auch eine Reihe von interessanten **Kletterrouten,** beachten Sie das Foto zu Wz. 100 (siehe oben)!

III. Bergtouren Altaussee

101 Über den Salzberg zum Sandling (1717 m), Weg 252/251/250/240

Zunächst durch Wald und Almbereich, Gipfelaufstieg steil und ausgesetzt, Rundwanderung

Ausgangspunkt: Salzberg
Durchschn. Gehzeit rund um den Sandling:
5 Stunden   22 Punkte
Für die Gipfelbesteigung ab Sandlingalm hin und zurück:
3 Stunden   14 Punkte
Größter Höhenunterschied gegenüber

Talniveau: 1000 m
Anforderungen: Erfahrung, Ausdauer, Schwindelfreiheit
Besondere Ausrüstung: Wanderausrüstung, Proviant, Wetterzeug
Empfohlener Übergang: über **Sandlingalm – Waldgraben – Gh. Sarsteinblick – Pflindsberg** nach Altaussee

Vom **Restaurant Berndl** aus erreichen wir in einer knappen Gehstunde über eine asphaltierte Straße das Altausseer **Schaubergwerk**, siehe auch Wz. 59 und 60. Nach weiterem kurzem Steilanstieg zum Stolleneingang **Kriechbaumberg.** Unmittelbar aus der Linkskurve

Ausseer Sandlingalm mit Loser.

zweigt hinter dem Stollengebäude der **Alpinweg 252** ab und führt zunächst durch Wald in unterschiedlicher Steigung zur Ausseer Sandlingalm. Knapp vorher mündet unser Steig in den aus Richtung **Bad Goisern – Hütteneck – Lambacherhütte** kommenden **Weitwanderweg 201** ein, der über die **Blaa-Alm** und den **Loser** der Länge nach **über das Tote Gebirge** führt. Siehe auch Wz. 104! Der Weg bis zur **Ausseer Sandlingalm** hat nun etwa 1 bis 1 1/2 Stunden gedauert. Wir folgen nun dem WW 201 in westlicher Richtung und kommen auf einer Anhöhe oberhalb der Almhütten zur Abzweigung des **Weges 251,** der nach links zum **Sandling-**

Vordere Sandlingalm.

gipfel (1717 m) führt. Geradeaus weiter geht es nach **Weg 201** zur **Vorderen Sandlingalm** und über **Lambacherhütte – Hütteneck** nach Bad Goisern, oder links in südlicher Richtung weiter über **Weg 250** zur Ortschaft **Waldgraben mit Gh. Sarsteinblick.** Der Weg ist gut markiert, es ist jedoch zweckmäßig, an Weggabelungen darauf zu achten, daß man nicht auf einen Forstweg abzweigt (Stichwege!).

Wollen wir aber den **Gipfel** besteigen, wie vorgesehen, so halten wir uns an oben erwähnter Anhöhe nach links und steigen die Nordostflanke steil hinan, oben durch Latschen- und felsiges Gelände, zum Gipfel, der nach Westen in eine senkrechte **Wand (Sandling Westwand)** abfällt. Durch sie führt eine leider sehr brüchige Kletterroute. Der Weiterweg zweigt ca. 200 Meter vor dem **Sandlinggipfel** nach rechts ab und führt nach **Markierung 250** mäßig steil (bei nassem Wetter rutschig) zur **vorderen Sandlingalm** ab. Unterhalb der Westabbrüche des Hohen Sandling, wir passieren die Stelle in einer Ent-

III. Bergtouren Altaussee

fernung von wenigen hundert Metern, lag einer der ältesten Abbaustätten des Salzlagers – der **„Michlhallberg"**, der bereits **um 800 n. Chr.** schon erwähnt wird.

Weiterweg vom **Waldgraben:**

a) Auf der Forststraße nach Osten zum **Pflindsberg** und über **Wasserfall** oder **Rambichl** nach Altaussee.

b) Über die **Moosberg-Forststraße** (Mountain-Biker-Weg) zum **Salzberg** und weiter nach Altaussee.

c) Abstieg nach **Lupitsch** über die **Fahrstraße nach Oberlupitsch,** oder von der **Pflindsberg-Forststraße** durch die **Klamm** nach **Lupitsch** und über **Lichtersberg** zurück nach Altaussee.

102 Loserhütte – Losergipfel (1838 m) – Hochanger – Augstsee und zurück

Rundwanderung, eine der schönsten Aussichtsrouten des Salzkammergutes, Schwindelfreiheit von Vorteil.

Ausgangspunkt: Altaussee **Kirche** oder **Loserhütte**
Durchschn. Gehzeit rund um den Loser:
2½ Stunden　　　　　　12 Punkte
Bei Anstieg vom Tal hin und zurück:
4½ Stunden zusätzlich　　20 Punkte
Größter Höhenunterschied gegenüber Talniveau: 1120 m

Anforderungen: Erfahrung, Ausdauer, Schwindelfreiheit, Trittsicherheit
Besondere Ausrüstung: gute Wanderausrüstung, Schlechtwetterzeug, Sonnenschutz
Empfohlener Übergang: eventuell über Augstalm zur Blaa-Alm, Weg 201

Unmittelbar vor der **St. Ägydius-Kirche** in Altaussee zweigt zwischen Gehöften und Wohnhäusern **der Weg 254 nach Norden** ab und führt stetig steigend vorbei an der privaten **Kalvarienberg-Kapelle** und durch Hochwald, später steiler werdend über felsiges Gelände mit herrlicher Aussicht auf den See (Fotomotive) die Südostseite des Loser hinan. Der Weg ist nur außerhalb der Schneeperiode begehbar. Später wieder durch schattigen Wald kommen wir auf den früheren Zugweg (Holzbringung), über den auch mittels Tragtieren die **Loserhütte** versorgt wurde – die langweilige Geometrie einer Forststraße wurde übrigens längst von der Natur korrigiert – zunächst zur **Augst-**

III. Bergtouren Altaussee

alm – im Sommer bewirtschaftet – und in etwa zwanzig weiteren Gehminuten zur **Loserhütte** (1504 m) des ÖAV.

Wenige Meter vor der Loserhütte – in der dem Wanderer natürlich vorher eine Rast gegönnt sei – zweigt nach links der **Anstiegsweg Nr. 255** zum **Losergipfel** ab. Dieser schmale Weg quert einen steil abfallenden Südhang, der **Schwindelfreiheit** und **Trittsicherheit erfordert**. Über die Mulde des **Loserbodens** zwischen **Loser** und **Hochanger** (1838 m) geht es auf weichem Almboden weiter, um dann wieder steiler werdend über Latschen, Schotter und felsiges Gelände mit einem überwältigenden Gipfelerlebnis zu überraschen. **Gipfelkreuz – Gipfelbuch – Gipfelfoto!**

Auf dem Rückweg vom Gipfel wird der Nordrand des **Loserbodens** überschritten und nach **Weg Nr. 256** über steiles Schotter- und Latschengelände der **Hochanger** erreicht (Sendemast des ORF).

Nun senkt sich der Weg ab, entlang der steil nach Norden abfallen-

Die Wanderung zum Losergipfel gibt wunderschöne Talblicke auf das Ausseer Becken und auf den Dachstein frei.

So soll die Loserhütte nach dem geplanten Umbau aussehen:

Besuchen Sie unsere Loserhütte! (1504 m)
Tel. 03622/71202

direkt am Weitwanderweg 201 gelegen. Siehe Wz. 102, 104 und 106.

Schon Kaiserin Elisabeth hat in den Jahren 1884 bis 1886 mehrmals die Loserhütte besucht und sogar den Gipfel – damals noch 6003 Fuß – bestiegen. Eine gerahmte Hüttenbuchseite mit eigenhändiger Widmung und Unterschrift der Kaiserin, datiert vom 25. August 1884, erinnerte bis vor wenigen Jahren in der Gaststube an dieses denkwürdige Ereignis.
Weder der Hüttenwirt noch der ÖAV-Vorstand wissen das rätselhafte Verschwinden des wertvollen Dokuments zu erklären.
Es wäre schön, wenn unter den tausenden Besuchern der vergangenen Jahre wenigstens ein Foto davon aufzutreiben wäre! **(Hinweis bitte an den Verfasser)**

den Steilwände des Losermassivs, zum sogenannten „**Loserfenster**", einem Steindurchbruch, der Ausblick auf die **Gschwandt-Alm** und die westlichen Ausläufer des Toten Gebirges gewährt **(Schönberg, 2093 m, siehe Wz. 105).** Der Abstieg zum Augstsee ist teilweise sehr steil und ausgesetzt, **Trittsicherheit** erforderlich. Nichts für Halbschuhtouristen, die aber immer wieder bis in diese Region vordringen! Infolge der außergewöhnlich schneereichen Lage des **Loser** ist der kleine **Augstsee nur 3 Monate eisfrei.**

III. Bergtouren Altaussee

Der „Augstsee".

Der Abstieg führt in 10 Minuten zum Parkplatz **Loser-Bergrestaurant** und parallel zur Schiabfahrt in weiteren 20 Minuten zurück zur **Loserhütte.**
Der Abstieg zur **Blaa-Alm, Weg 201,** ist nur bei trockenem Wetter zu empfehlen.

103 Loser-Bergrestaurant – Bräuningzinken (1899 m), Weg 257

Großteils Alm- und Latschengelände, Aufstieg vom Bräuningsattel am Rande eines Steilabfalles. **Vorsicht!**

Ausgangspunkt: Parkplatz Bergrestaurant
Durchschn. Gehzeit:
3½ Stunden — 16 Punkte
Bei Anmarsch ab Tal:
4½ Stunden zusätzlich — 20 Punkte

Größter Höhenunterschied gegenüber Ausgangspunkt: 300 m
Anforderungen: Kondition, Erfahrung, Trittsicherheit, Schwindelfreiheit
Besondere Ausrüstung: gute Wanderausrüstung

III. Bergtouren Altaussee

Von einer Anhöhe knapp unterhalb des Augstsees führt von der Abzweigung der rechte **Weg Nr. 201** über den Sommersitz hinunter zur **Bräuningalm,** in einer langen Linkskurve an den Almhütten vorbei und weiter mäßig steigend an steiler Berglehne auf den **Bräuningsattel.** Nach einer scharfen Rechtswendung geht es weiter, wenige Meter neben den Steilabbrüchen, durch Latschen und Grashänge zum Gipfel, den ein Steinmandl ziert. Nach Norden bricht eine **140 Meter hohe Wand** ab. **Vorsicht, besonders mit Kindern!**

104 Überquerung des Toten Gebirges, Weg 201
Loserhütte – Appelhaus – Pühringerhütte
– Großer Priel – Almtal oder Hinterstoder

Beeindruckende Plateauwanderung mit mehreren hundert Metern Höhendifferenzen, Hochgebirgs-Charakter.

Ausgangspunkt: Loserhütte ÖAV (1545 m)
Durchschn. Gehzeit:
- **Loserhütte – Appelhaus**
  4 Stunden   18 Punkte
- **Appelhaus – Pühringerhütte**
  4 Stunden   18 Punkte
- **Pühringerhütte – Grundlsee**
  3 Stunden   14 Punkte
- **Pühringerhütte – Gr. Priel**
  5 Stunden   25 Punkte
- **Abstieg nach Hinterstoder** 260/201
  oder **Almtal** 215 je 4 Stunden 20 Punkte

Für **durchgehende Überquerung** Loserhütte – Gr. Priel – Hinterstoder oder Almtal **ohne längere Unterbrechung** (außer Nächtigung) 17 Stunden   90 Punkte
- **Ischlerhütte – Schönberg – Gr. Priel – Hinterstoder** oder **Almtal** siehe Wz. 105
  23 Stunden   120 Punkte

Anmerkung: Der **Alpinweg 201** ist ein Teil des Weitwanderweges 01, der **von den Pyrenäen zum Neusiedlersee führt.**
Größter Höhenunterschied gegenüber Ausgangspunkt: 780 m
Anforderungen: Kondition, Erfahrung, Ausdauer, Schwindelfreiheit. Trittsicherheit
Besondere Ausrüstung: gute Bergwanderausrüstung, Schlechtwetterzeug, Proviant etc.

Loserhütte – Albert-Appelhaus (1638 m)

4 Stunden, 18 Punkte

Von der **Loserhütte** oder vom **Loser-Bergrestaurant** auf markiertem Steig **Nr. 201 zum Augstsee.** Knapp vor dem See, an der Abzweigung des Weges 256 zum Hochanger, gehen wir geradeaus den Weitwanderweg 201, vorbei an Schiliften in eine Senke und weiter den recht schrofigen **„Karl-Stöger-Steig",** der mitunter neben **Trittsicherheit** sogar **Schwindelfreiheit** erfordert, zum **Hochklopf-**

III. Bergtouren Altaussee

Loser Panorama-Straße Altausseer

Skigebiet Loser
Steirisches Pistengütesiegel

Tel. Büro 03622/71315-11, Bergrestaurant 71315-16
Maut 71315-15, Fax 71315-13

Schnell und bequem auf den Loser ...
... die Panoramastraße machts möglich!

Alpenpanorama – Gletscherblick – Bergwandern – Gebirgsseen
Erleben Sie die Natur im Landschafts- und Pflanzenschutzgebiet in der bizarren Felslandschaft des Toten Gebirges.

Loser-Bergrestaurant
Aussichtsterrasse mit Panorama-Fernrohr auf 1600 m Seehöhe
Ausgangspunkt für Wanderungen zum Augstsee (15 Min.) und weiter zum Loserfenster, Hochanger, Loser oder Bräuningalm und Bräuningzinken.

Im Sommer täglich Postautobus Ausflugslinie zum Bergrestaurant.
Besichtigen Sie Europas größtes Sonnenkraftwerk in den Alpen bei Kehre 13.

Im Frühling, zur Zeit der ersten Bergblumen, sind die Wanderungen bis in mittlere Höhenlagen besonders reizvoll. Petergstamm (im Volksmund Grafbleaml) mit Altausseer See und Dachstein.

III. Bergtouren Altaussee

sattel, auf den wir ca. 100 Höhenmeter absteigen müssen. Hier trifft der **Weitwanderweg 201** mit dem vom Altausseer See heraufkommenden **Alpinweg Nr. 212** zusammen.

Vom **Hochklopfsattel (1498 m)** fällt der Weg in mehreren Geländestufen und Engstellen ab, vorbei am kleinen **Augstwiessee,** in einen rund 170 m tiefer liegenden Kessel, die **Augstwiese.** An einer Gabelung führt geradeaus weiter der **Weg 212** über die **Wildenseealm** zum **Offensee, siehe Wz. 106,** der **Weg 201** geht halbrechts weiter und steigt von der ebenen Weidefläche hinan zu einem ganzen Dorf von Almhütten, der **Augstwiesalm (1420 m).** An den Hütten vorbei (im Sommer teilweise bewirtschaftet) und durch lichten Lärchenwald kommen wir nach ca. 1 Gehstunde zum **Albert-Appelhaus (1638 m)** des ÖTK-Wien. Auch nach dem **Weg 212** über die **Wildenseealm** (ÖAV-Selbstversorgerhütte) und weiter nach **Weg 235** kann man mit einstündigem Umweg das **Appelhaus** erreichen.

Appelhaus – Pühringerhütte (1637 m)

4 Stunden, 18 Punkte

Vom Appelhaus weiter ansteigend führt der Weg immer in östlicher Richtung unter der Echowand des **Redenden Steines (1902 m)** vorbei zu einem hügeligen Almgelände, „**die Wiesen**" genannt, weiters vorbei am **Widderkar-Kogel** (1952 m), **Hinterer Bruderkogel** (2033 m), und am **Wilden Gößl** (2065 m) und hinauf auf den **Abblasbühel.** Von dort fällt der Weg über 200 Höhenmeter ab in die **Elmgrube,** wo sich der **Weg 201** mit dem von Gößl über die **Lahngangseen** heraufkommenden **Weg 214 vereinigt.** Ab hier kann man in ca. 3/4 Stunden die komfortable **Pühringerhütte** (ÖAV-Sekt. Wels) erreichen.

Pühringerhütte – Großer Priel (2514 m)

5 Stunden, 25 Punkte

Von der **Pühringerhütte** geht es weiter in halbstündiger Wanderung zur **Geiernestquelle,** wo nach links der **Alpinweg 214** – auch **Sepp-Huber-Steig** genannt – abzweigt und über den **Röllsattel** auf einem gut gesicherten Steig zum **Almsee** hinunterführt. Abstieg in ca. **3^{1}/$_{2}$ Stunden, 16 Punkte.**
Unser Weiterweg läßt diese Abzweigung links liegen und führt bald

III. Bergtouren Altaussee

Messerscharfe Karstrippen mahnen zu besonderer Vorsicht.

Die Natur formt aus dem Kalkstein die wunderlichsten Gebilde. Weihbrunn', Vogeltränke oder Taufbecken – was immer man darin sieht.

steil empor zum **Rotkögelsattel** (2000 m) und über das **„Aufhackert"** den **„Ausseer Weg"** entlang, vorbei an einer Schutzhöhle zum **Fleischbanksattel (2123 m).**

Der hohe Dachstein, 2996 m. Auch in diesem Führer nicht enthaltene Wanderungen und Touren können für die Wandernadel angerechnet werden (siehe Seite 11) ...

III. Bergtouren Altaussee

Nach links hinunter über einen versicherten Steig führt der **Weg 215 über die Welserhütte** (1726 m) in das **Almtal.** Der Anstieg zum **Großen Priel,** dem höchsten Gipfel des Toten Gebirges, setzt sich fort über den breiten Rücken der **Prielleite** und den schön ausgesetzten Gipfelgrat. Die Bergfahrt lohnt sich schon allein wegen der überwältigenden Rundumsicht.

Der Abstieg erfolgt wieder über den **Fleischbanksattel** und entweder, wie erwähnt nach **Weg 215 in das Almtal** oder vom Fuße der Prielleite die **Wege 262/260 und 201** über die **Brotfallscharte** (versichert) und das **Prielschutzhaus** (1420 m) nach **Hinterstoder.**

105 Blaa-Alm – Ischlerhütte – Schönberg (2093 m) – Wildensee – Appelhaus, Überquerung des Westplateaus, Wege 226, 228, 230, 212 und 235

Bergfahrt für Geübte, wildromantisch, nur bis Ischlerhütte im Kartenbereich!

Ausgangspunkt: Blaa-Alm
Durchschn. Gehzeit Blaa-Alm – Appelhaus: 10 Stunden   50 Punkte
Größter Höhenunterschied gegenüber Talniveau: 1400 m

Anforderungen: Kondition, Erfahrung, Ausdauer, Trittsicherheit, Schwindelfreiheit
Besondere Ausrüstung: gute Bergausrüstung, Proviant, Getränke, Schlechtwetterzeug, Karte ÖAV 15/1, ÖK. 96

Weiterweg zur **Überquerung** ab Wildenseealm – Appelhaus **siehe Wz. 104.**

Blaa-Alm – Ischlerhütte (1368 m)

2^1/$_2$ Stunden, 12 Punkte.

Von **Altaussee** bis zur **Blaa-Alm** entweder nach dem **Wiesenweg, siehe Wz. 7,** oder per Auto. Der Weiterweg in das **Rettenbachtal** ist bereits unter **Wz. 61** beschrieben.
Knapp nach der **steirisch-oberösterreichischen Landesgrenze,** die wir an der kleinen Brücke über den **Rettenbach** passieren, steigt rechts in einem Graben entlang eines Bächleins der **Weg 226 „über den Ahornkogel"** empor und vereinigt sich auf einem flacheren Stück, dem **Schwarzenberg-Anger,** mit dem von der Rettenbachalm heraufführenden **Weg 211.** Mäßig steigend geht es weiter bergan auf

einen Sattel. Von rechts unten mündet hier der Jagdsteig „**über den Nagel**" ein, der aber nur in Begleitung von Ortskundigen zu empfehlen ist. Nach einer Gehzeit von 2 1/2 Stunden ab Blaa-Alm finden wir oberhalb der **Schwarzenbergalm** die in ausgefallenem, sechseckigem Grundriß neu erbaute **Ischlerhütte (1368 m).** Derzeit wohl das komfortabelste Schutzhaus der weiteren Umgebung!

Ischlerhütte – Schönberg – Wildensee – Appelhaus

8 Stunden, 40 Punkte (nicht im Kartenbereich)

In einem Hochtal ansteigend erreichen wir in halbstündiger Wanderung eine Wegteilung. Links weiter führt der **Weg 211** unterhalb des

Der Loser von der Nordwest-Seite (Rettenbachtal)

III. Bergtouren Altaussee

Die neue Ischlerhütte auf der Schwarzenberg-Alm ist derzeit wohl das komfortabelste Schutzhaus der Region.

Altarkogels und der **gebogenen Wand** zur **Ebenseer Hochkogelhütte** und weiter nach **Steinkogel** (5 Stunden, 22 Punkte). Nach rechts in steilem Anstieg und durch weite Kare geht es nach **Weg 226** zum Gipfel des **Schönberges (Wildenkogel), 2092 m**. Die **Rundsicht** auf das **Tote Gebirge**, das **Dachsteinmassiv**, vor allem aber auf den **Traunsee** und das **Alpenvorland** bis zum **Böhmerwald** ist einfach umwerfend.

Nach Osten geht es über die **Schönberg-Schneid**, den **Ostgrat**, ausgesetzt und steil hinab und rechts am kleinen **Wehrkogel** vorbei, über Blöcke und Geröll. In einer tiefen Senke trifft man auf den von links kommenden **Weg 230**, der von der **Hochkogelhütte** durch das **Feuertal** nach **Wildensee** führt.

Es geht weiter in östlicher Richtung unter dem **Scheiblingkogel** vorbei – wir haben vorher noch einen beachtlichen Höhenunterschied zu überwinden – und schließlich auf einen Sattel, von dem der **Weg 231** nach links über ein Grasband zum **Rinnerkogel (2012 m)** ansteigt. Von hier steigen wir ein breites Tal hinab auf grobem Weg zwischen

III. Bergtouren Altaussee

Wildensee mit Rinnerkogel (2012 m), Wz. 106 a.

Blöcken und Latschen und treffen 150 Meter nördlich des **Wildensees auf Weg 212,** welchem wir nach Süden am Rande des Sees entlang und aufsteigend bis zur **Wildenseealm** folgen und dann links weiter **nach Weg 235** bis zum **Albert-Appelhaus** wandern.
Weiterweg **Appelhaus – Pühringerhütte – Großer Priel** siehe Wz. 104.

106 Altaussee – Wildensee – Offensee, Weg 212
Abwechslungsreicher Übergang, PKW-Abholung ab Offensee zu empfehlen.

Ausgangspunkt: Altaussee/Seewiese
Durchschn. Gehzeit:
Altaussee – Wildensee
4 Stunden 18 Punkte
Wildensee – Offensee
3 Stunden 14 Punkte

Größter Höhenunterschied gegenüber Talniveau: 850 m
Anforderungen: Kondition, Ausdauer
Besondere Ausrüstung: Wanderausrüstung, Proviant, Wetterzeug, festes Schuhwerk, ÖAV-Karte 15/1

III. Bergtouren Altaussee

Von Altaussee nach dem nördlichen **Seeuferweg** in die **Seewiese**. Knapp vor Erreichen des **Astersees** (kleine Lacke hinter dem Altausseer See) zweigt nach links der **Weg 212** ab. Nach Überquerung eines meist trockenen Bachbettes trifft man bald auf eine Forststraße, die zur **Stummernalm** führt. Bei zwei Heuhütten endet die Straße und es geht nach einem schmalen Steig steil bergan durch Strauchwerk und Jungwald. Bei nassem Wetter Rutschgefahr! Nach etwa 200 Höhenmetern passieren wir ein Brünnlein **(Lärchenwasserl)** und gehen nun in mäßiger Steigung weiter durch Waldgebiet zur **Oberwasseralm,** die aber schon fast verfallen ist. Wir kommen langsam in felsiges Gebiet und kommen in Serpentinen über die „**Roffel**", die „**Öfen**" und die Einmündung des **Weitwanderweges 201,** der aus westlicher Richtung vom Loser kommt, zum **Hochklopfsattel (1496 m).** Der nun folgende Abstieg in die **Augstwiese** ist unter Wz. 104 bereits beschrieben. Bei der Gabelung nehmen wir diesmal den geradeaus führenden **Weg 212** und steigen jenseits des fast ebenen Talbodens durch Latschengelände auf zur **Wildenseejagdhütte,**

Augstwiesenalm, im Morgengrauen.

an der wir rechts unten vorbeigehen. Von dort gelangen wir in halbstündiger Wanderung zur **Wildenseealm** (ÖAV-Selbstversorgerhütte, Sektion Bad Aussee).

Von der Alm gehen wir den **Weg 212** weiter, an der rechts liegenden Abzweigung zum **Appelhaus (Weg 235)** vorbei und durch lichten Lärchenbestand auf eine Anhöhe. Von dort fällt der Weg ab zum **Wildensee,** der in einem tiefen Becken liegt. Der nun folgende Bereich ist nicht in der Karte enthalten. Es geht dem rechten Seeufer entlang und dann ansteigend in ein Tal, aus welchem links der **Weg 230** zum **Schönberg** abzweigt und weiter leicht abwärts durch den **Rinnerboden** zum **Rinnerstüberl** (Rinnerhütte, Bergsteigerbund Ebensee). Der Weg führt nun bald in steiles Gelände, den **Hochrinnerboden** und **Nd. Rinnerboden** in unzähligen Serpentinen auf losem Schotter hinab, um in eine Forststraße einzumünden, die zum **Offensee** hinausführt. Am Seeufer gibt es **zwei Gaststätten.** Der Weiterweg nach **Steinkogel** über eine 16 km lange Fahrstraße ist nach dem Abstieg ermüdend. Eine **PKW-Abholung** lohnt sich.

■ 106 a ■ Von der Wildenseealm auf den Rinnerkogel (2012 m), Weg 212, 230, 231

Schöner Aussichtsberg, mäßig anstrengend (nicht im Kartenbereich).

Ausgangspunkt: Wildenseealm oder **Appelhaus**
Durchschn. Gehzeit hin und zurück:
4 Stunden 20 Punkte
Bei Anstieg ab Tal Altausse oder Grundlsee:
12 Stunden 56 Punkte

Größter Höhenunterschied gegenüber Ausgangspunkt: 500 m
Anforderungen: Kondition, Ausdauer
Besondere Ausrüstung: gute Bergausrüstung

Von der **Wildenseealm** bis zur Abzweigung des Anstiegsweges 230 wie unter Wz. 106 beschrieben.
Schon von weitem haben wir die mächtige Kalkpyramide des **Rinner- oder Augstkogels** bestaunt. Nun zweigen wir nach links auf den **Weg 230 ab** und steigen an der Ostflanke des Berges hinan, erst nach Nordwest und nach einer Kehre nach Südwest. Wir kommen über die Süd-

III. Bergtouren Altaussee

Wildenseehütte, Wz. 104, 106, 118, 119.

seite des **Rinnerkogels** in ein breites Tal, das uns in Serpentinen steil bergauf bringt. Auf einem Sattel biegt nach rechts der Weg ab und führt über ein breites, steiles Grasband zum Gipfelkreuz. Schöne Rundsicht auf die Berge des Toten Gebirges, das Höllengebirge und das nördliche Alpenvorland.

Wz. 107 bis 109 reserviert für spätere Ergänzungen

III. BERGTOUREN IN BAD AUSSEE
und Umgebung

110 Über St. Leonhard und Almwirt zur Weißenbachalm (1326 m), auf den Türkenkogel, den Kampl und den Rötelstein

Bis Weißenbachalm großteils Forststraße, bis Weißenb. Wi.

Ausgangspunkt: Meranplatz oder Almwirt
Durchschn. Gehzeit Bad Aussee – Weißenbachalm:
5 Stunden h.u.z.   20 Punkte
Weißenbachalm – **Türkenkogel** (1756 m), siehe Wz. 117 a, h.u.z.
3½ Stunden   16 Punkte
Weißenbachalm – **Kampl** (1685 m), siehe Wz. 117 b, h.u.z.
3½ Stunden   16 Punkte

Weißenbachalm – **Rötelstein** (1612 m), siehe Wz. 110 a, 117 b, 124, h.u.z.
4 Stunden   18 Punkte
Größter Höhenunterschied gegenüber Talniveau: 680 m
Anforderungen: Kondition, Ausdauer, für die Gipfel Trittsicherheit
Besondere Ausrüstung: Wanderausrüstung

Von Bad Aussee **Meranplatz** bis **St. Leonhard** und **Almwirt** nach Wz. 17. Nach der **alten Salzstraße** ab **Almwirt** noch etwa 200 Meter nach Osten (Richtung Kainisch) und dann in die **Grubenstraße** nach links abbiegen. Nach weiteren geschätzten 200 Metern zweigt nach rechts bergauf eine Forststraße ab, die über die Ortschaft **Weißenbach**, vorbei am **Gehöft Syen/Frosch** in ca. 3 Stunden zur **Weißenbachalm** führt. Weiterwege zu den umliegenden Gipfeln siehe oben.

110 a Über Radlingpaß zum Rötelstein, Wege 253, 270, 24

Langer Anmarsch zum Aufstieg, gute Aussicht vom Gipfel, bis Radlingpaß Wi.

Ausgangspunkt: Meranplatz
Durchschn. Gehzeit:
6 Stunden h.u.z.   27 Punkte
Bei Rückweg über Kampl nach Knoppen: 7 Stunden h.u.z.   32 Punkte
Größter Höhenunterschied gegenüber Talniveau: 950 m

Anforderungen: Ausdauer, Kondition
Besondere Ausrüstung: Wanderausrüstung, fester Schuh
Empfohlener Rückweg: a) nach Wz. 110 absteigen zur **Weißenbachalm** und zum **Almwirt** oder nach **Grundlsee**, Wz. 117 a; b) oder Weg 270 nach Knoppen

III. Bergtouren Bad Aussee

Anmarsch Richtung **Radlingpaß** wie **Wz. 68,** jedoch nach ca. 800 Meter, vor dem Gefälle zur Ortschaft **Kainisch,** zweigt bei den letzten Häusern in **Gschlößl** nach links der **Weg 253** zum **Rötelstein** ab. Das Gebiet des **Rötelsteins,** dessen rotdurchsetztes Kalkgestein weithin auffällt, ist nicht nur durch seinen **mittelalterlichen Eisenabbau** bekannt, sondern auch durch zahlreiche Versteinerungsfunde. Nach Querung dichtbewaldeter Südwesthänge geht es ein kurzes Stück nach einer Forststraße, die von Kainisch zur **Talalm** führt. Nach einer Linkskurve, die uns wieder von der Straße wegbringt, kommen wir in freies Gelände und finden schöne Ausblicke auf das breite Talbecken um Bad Mitterndorf mit dem Grimming, aber auch auf das Dachsteinmassiv. Kurz vor Erreichen der **Langmoosalm** biegt unser Weg nach links ein und bringt uns über teils felsiges Gelände, teils Latschenbestand zum **Gipfel.**
Der Rückweg kann auch über die **Langmoosalm (Weg 270),** links vorbei am **Feuerkogel** und dann über den nach rechts abzweigenden Weg **zum Kampl (1685 m)** und über die **Seidenhofalm** und die Ortschaft **Knoppenberg** nach **Knoppen,** Gh. Muß genommen werden. Diese Route ist insgesamt etwas weiter und bringt daher **32 Punkte.**

111 Über **Tressensattel zum Gipfel der Trisselwand (1755 m), Wegbeschreibung siehe Wz. 69 und 100**

Ab Tressensattel lohnende Bergtour, mit schöner Aussicht.

Ausgangspunkt: Meranplatz
Durchschn. Gehzeit ab Meranplatz nach Wz. 69 zum Tressensattel:
2½ Stunden h.u.z.　　　　　10 Punkte
Tressensattel – Trisselberg siehe Wz. 100:
4½ Stunden h.u.z.　　　　　20 Punkte

Größter Höhenunterschied gegenüber Talniveau: 1100 m
Anforderungen: Kondition, Ausdauer, zum Gipfel Trittsicherheit
Besondere Ausrüstung: Wander- und Bergausrüstung, Proviant, Getränk

III. Bergtouren Bad Aussee

112 Auf den Hohen Sarstein (1975 m), Wege 693/691/692

Klassische Bergtour für Geübte.

Ausgangspunkt: Pötschenpaß Weg 693, Sommersbergsee-Parkplatz W 691, Pötschenkehre Weg 690
Durchschn. Gehzeit Pötschenpaß – Hoher Sarstein:
7 1/2 Stunden h.u.z.   38 Punkte
Bad Aussee – Hoher Sarstein:
9 Stunden h.u.z.   45 Punkte
Größter Höhenunterschied gegenüber Talniveau: 1330 m

Anforderungen: Kondition, Erfahrung, Ausdauer, Trittsicherheit, Schwindelfreiheit
Besondere Ausrüstung: gute Bergausrüstung, Schlechtwetterausrüstung, Proviant, Getränk
- **Übergang Pötschenkehre – Hoher Sarstein – Pötschenpaß:**
8 Stunden   40 Punkte
- **Übergang Pötschenpaß – Hoher Sarstein – Obertraun, Weg 692:**
9 Stunden   45 Punkte

Der **Sarstein** wird von Kennern oft als schönster Aussichtsberg des Salzkammergutes bezeichnet. Es wird nicht übertrieben sein, ihn wenigstens als einen der schönsten zu sehen.

Der vom **Pötschennpaß** ausgehende **Weg 693** nimmt seinen Ausgang von der großen Schottergrube südlich der Straße und führt zunächst nach Osten (steirische Seite) schräg aufwärts zu einer Lichtung. Dort trifft unser Steig mit dem vom **Sommersbergsee-Parkplatz** über die **Höherstube** heraufkommenden **Weg 691** zusammen. Durch Wald und später in felsigem Gelände geht es steil durch einen Graben zwischen **Niederem** und **Hohem Sarstein. Seilsicherungen,** eine **Eisenleiter** und gehauene **Felsstufen** helfen uns über Schwierigkeiten hinweg. An der rechten Grabenseite geht es über Serpentinen in eine große Mulde und weiter auf den Sattel zwischen den beiden Sarsteingipfeln. Knapp vor der **Sarsteinalm** treffen wir auf den von der **Pötschenkehre** heraufführenden **Weg 690** und gehen, in fast rechtem Winkel einbiegend, auf die Nordflanke des Hohen Sarsteins zu und kommen schließlich nach Überwindung weiterer 200 Höhenmeter zum **Gipfelkreuz.**

Den **Rückweg** können wir entweder nach **Weg 690** über die **Sarsteinalm** und die **Simony-Aussicht** absteigend zur **Pötschenkehre** nehmen oder aber, wenn die Kondition noch reicht, über den **Sarsteinkamm** nach **Obertraun.** Höhenunterschied rund 1460 Meter!

III. Bergtouren Bad Aussee

Der Hohe Sarstein, 1975 m.

Wandern wir also vom Gipfelkreuz in südlicher Richtung weiter den **Weg 692,** der einmal links, einmal rechts von der oberösterreichisch-steirischen Grenze über einen fast drei Kilometer langen Bergrücken zur **Sarsteinhütte** (unbewirtschaftet, 1638 m) abfällt. Fast beängstigende Blicke tun sich auf in das tief unten liegende Tal der **Koppentraun.** Vor Augen immer das großartige Bild der Dachsteingletscher. Der nun folgende ziemlich steile Abstieg führt erst durch Latschen, bald aber durch stämmigen Wald, der uns der schönen Aussicht beraubt. Kehre um Kehre gilt es, die letzten Reserven locker zu machen, dieser Abstieg fährt ordentlich in die Knochen. Nahe dem Bahnhof erreichen wir die Landesstraße in **Obertraun.** Wir kehren müde aber glücklich per Bahn zurück.

III. Bergtouren Bad Aussee

113 Auf den Ausseer **Zinken** (1854 m), Wege 695 und 696

„Der Ausseer Hausberg" will verdient sein, Anstiege meist steil, schöner Ausblick in das Ausseer Becken und das Tote Gebirge.

Ausgangspunkt: Bahnhof Weg 696, Koppenstraße Weg 695
Durchschn. Gehzeit:
8 Stunden h.u.z. 40 Punkte
Größter Höhenunterschied gegenüber Talniveau: 1200 m

Anforderungen: Kondition, Ausdauer, Trittsicherheit, **nur für Geübte**
Besondere Ausrüstung: gute Bergausrüstung, festes Schuhwerk, Proviant etc., Karte FB WK 281
Empfohlener Rückweg: Rundweg 695 oder 696.

Der Ausseer Zinken (1854 m) mit Dachstein.

III. Bergtouren Bad Aussee

Der Bereich des **Ausseer Zinken** liegt nicht im Kartenbereich des vorliegenden Führers. Beginnen wir unsere Bergtour an der **Koppenstraße** nach Obertraun, gleich nach der ersten Steigung links. Wir folgen einer Forststraße (auf Markierungen achten), verlassen diese nach links und gelangen auf grobem Fahrweg in den **Planergraben.** Bald nach dem Graben beginnt der eigentliche Anstieg, der immer nahe dem Planergraben steil hinauf führt. Auf einer Höhe von ca. 1100 Metern kreuzen wir einen quer zum Hang verlaufenden **Jagdsteig.** Über zahlreiche weitere Serpentinen kommen wir in freies Gelände und wandern nach Querung eines felsigen Grabens an einer verfallenen Hütte vorbei. In steilem, felsigem Gelände steigen wir zwischen **Eislochkogel** und **Feuerkogel** zu einem Sattel auf, der bereits einen Blick zum Gipfelkreuz freigibt. Der Weg nimmt eine Wende nach links und trifft bald auf den vom Bahnhof heraufführenden **Weg 695.** Zum Gipfel sind es nur mehr Minuten. Das acht Meter hohe **Gipfelkreuz** wurde im Jahre **1948** errichtet. Jeweils am zweiten Sonntag im August wird hier eine Bergmesse gefeiert.

Der Abstieg über den **Hahnlerweg** (der Name kommt wohl vom kleinen und großen Hahn, die hier bejagt wurden) beginnt an der Gabelung südlich des Gipfels. Über die Ostflanke des Berges gelangen wir mit einigen kleinen Gegensteigungen zur **Hahnleralm.** Der weitere Abstieg ist ziemlich steil und im Bereich der **Hahnlerstiege** bei feuchtem Wetter auch oft rutschig. **Vorsicht!** Über eine Anzahl von Kehren und Serpentinen kommen wir zum **Wintergraben,** den wir queren. In langer Linkskurve wenden wir uns in Richtung **Bahnhof** und erreichen unweit der **Bahnmeisterei** die Straße. Busverbindung vom Bahnhof zur Ortsmitte.

Wz. 114 bis 116 reserviert für spätere Ergänzungen

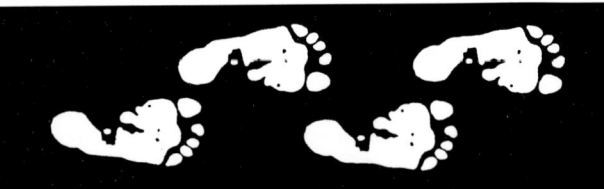

Der wichtigste Schritt vor Ihrer
nächsten Wanderung führt Sie
mit Sicherheit in das

SCHUHHAUS Erni BABUSEK
Ischlerstraße
8990 BAD AUSSEE

Wander-, Berg- und Trekkingschuhe
in jeder Auswahl, in allen Größen
und in jeder Preislage,
vor allem aber
in bester Qualität

DELKA

III. BERGTOUREN IN GRUNDLSEE
und Umgebung

117 Von der **Seeklause zur Weißenbachalm** (1326 m)

Wanderung auf einer im unteren Teil großteils schattigen Forststraße, die aber fast verkehrsfrei ist, schöne Ausblicke.

Ausgangspunkt: Seeklause
Länge: 5,5 km, eine Strecke
Durchschn. Gehzeit:
4½ Stunden h.u.z.   18 Punkte

Größter Höhenunterschied gegenüber Talniveau: 600 m
Anforderungen: Ausdauer
Besondere Ausrüstung: Wanderausrüstung, Proviant, Getränk

Von der Seeklause auf dem „**Franz-Hofbauer-Weg**" traunabwärts (parallel zur Landesstraße) bis zur Haltestelle **Weißenbachbrücke.** Hier zweigen Sie nach links (Süden) von der Landesstraße ab und gehen ca. 100 m leicht bergauf. Vor dem **Sägewerk** nehmen Sie den Weg rechts über eine kleine Brücke, lassen dann aber die Abzweigung in die Ortschaft **Gallhof** rechts liegen. Nach etwa 500 Metern zweigt in einem Waldstück aus einer leichten Rechtskurve nach links eine Schotterstraße ab, führt bald danach unter einer **Materialseilbahn** durch und mäßig bis stark steigend immer parallel zum **Weißenbach** bis in die **Weißenbachalm.** Mit ihren vielen Hütten, die im Sommer teilweise auch bewirtschaftet sind, erinnert sie an vergangene Zeiten.

Der alte Anstiegsweg am rechten Ufer (rechts in Flußrichtung) des Bachbettes ist leider im oberen Bereich verfallen und nicht mehr passierbar.

Weiterweg auf den **Türkenkogel** siehe Wz. 117 a.

III. Bergtouren Grundlsee

117 a Von der **Weißenbachalm auf den Türkenkogel** (1756 m), Weg 259

Erst Almgelände, dann lockerer Wald und Latschen, später über einen Bergkamm, schöner Tiefblick.

Ausgangspunkt:
oberhalb der Almhütten
Durchschn. Gehzeit:
3½ Stunden h.u.z.   16 Punkte

Größter Höhenunterschied gegenüber Weißenbachalm: 430 m
Anforderungen: Kondition, Bergerfahrung
Ausrüstung: Wanderausrüstung, festes Schuhwerk, Proviant, Wetterschutz

Auf der **Weißenbachalm** gehen wir in einer großen Kehre bis zu den oberen Hütten am Waldrand hinauf und hier finden wir die Markierung mit einem Richtungspfeil gerade aufwärts zum **Türkenkogel**. Der Pfad ist in kurzen Abständen markiert und quert die Südflanke des Türkenkogels in mäßiger Steigung in mehreren Kehren und recht mühelos erreicht man den langgestreckten **Kammrücken.** Im lockeren Bergwald geht es nun im leichten Auf und Ab weiter. Der Weg biegt nun nach südost und steigt nochmals an zum **Gipfelplateau**. Es geht durch Latschengassen ungefährlich aufwärts und schließlich stehen wir beim holzgezimmerten Vermessungszeichen des **Gipfels (1756 m)** und schauen nicht nur auf den Ostteil des Grundlsees mit Gößl, und auch auf den Toplitzsee (!) hinunter, sondern genießen auch einen eindrucksvollen Rundblick auf die gewaltige Bergkulisse!

117 b Von der **Weißenbachalm auf den Kampl** (1685 m) **oder den Rötelstein** (1614 m)

Erst Steilanstieg, dann Almgelände über Bergrücken, eindrucksvolle Fernsicht.

Ausgangspunkt: Weißenbachalm von der Forststraße
Durchschn. Gehzeit:
3½ Stunden h.u.z.   16 Punkte
Größter Höhenunterschied gegenüber Weißenbachalm: 360 m

Anforderungen: Kondition, Bergerfahrung
Besondere Ausrüstung:
Wanderausrüstung etc.
Empfohlener Rückweg: entweder Aufstiegsweg oder nach Knoppen, siehe Wz. 124 a

III. Bergtouren Grundlsee

Kurz nach der Abzweigung zu den Hütten der **Weißenbachalm** (Fahrweg) zweigt von der breiten **Weißenbach-Forststraße** rechts (Süden) ein alpiner Weg ab, der nach einem Waldstück steil durch den **Eisengraben** hinaufführt. Bis ins vorige Jahrhundert wurde im Bereich des Rötelsteins **Eisenerz** abgebaut und auch verarbeitet. Der Weg geht mitten durch die **Ausseer Teltschenalm** und vorbei an der nach links weisenden Abzweigung zur **Hinterberger Telschenalm,** den **Weg Nr. 270** zum **Rötelstein** rechts liegenlassend, nunmehr gemächlich ansteigend zum **Kampl,** der eine herrliche Rundumsicht bietet.

Der von der letzten Abzweigung etwa doppelt so weite Anstieg zum **Rötelstein (1614 m)** führt über die Langmoosalm und ist ebenso lohnend. Der Abstieg erfolgt nach Weg 253 über die **Langmoosalm** zur **alten Salzstraße.**

Siehe auch Wz. 110 u.

118 Von Grundlsee zum Albert-Appelhaus (1638 m), Weg 235

Anstieg über den Almberg ziemlich steil, zweiter Teil an- und absteigend.

Ausgangspunkt: Gasthof Schraml oder Gaiswinkel
Durchschn. Gehzeit 1 Strecke:
4 Stunden 18 Punkte
Durchschn. Gehzeit hin und zurück:
7½ Stunden 34 Punkte
Größter Höhenunterschied gegenüber Talniveau: 930 m
Anforderungen: Kondition, Ausdauer
Besondere Ausrüstung: gute Bergausrüstung, feste Schuhe, Schlechtwetterausrüstung etc.

Empfohlene Rückwege und Übergänge:
- über **Augstwiesalm** nach **Altaussee** Weg 212, siehe Wz. 106,
  3½ Stunden 16 Punkte
- über **Wildensee oder Augstwiese** zur **Loserhütte** Weg 201, siehe Wz. 104,
  4 Stunden 18 Punkte
- über **Wildensee** zum **Offensee** Weg 235/212, siehe Wz. 106,
  3½ Stunden 16 Punkte
- über **Pühringerhütte** nach **Grundlsee** Weg 201/214 siehe Wz. 119,
  6-7 Stunden 32 Punkte
- Appelhaus – Pühringerhütte – **Gr. Priel** – **Almtal** oder **Hinterstoder** Weg 201/215 oder Weg 262/260, siehe Wz. 104,
  13 Stunden 65 Punkte
  Detaillierte Wegbeschreibungen unter den jeweiligen Wanderzielen.

III. Bergtouren Grundlsee

Appelhaus vor ca. 60 Jahren – Nostalgischer Rückblick.

Anstieg zum Appelhaus (ÖTV): Der markierte **Alpinweg 235** führt vom **Gh. Schraml** oder von der Ortschaft **Gaiswinkel** zunächst durch Wald, später über Schotter, steiles Geröll und Felsgelände auf den **Almbergsattel.** Man hat hier bereits an die 750 Höhenmeter überwunden und sollte sich eine kurze Rast gönnen. Leicht an- und absteigend durch eine Reihe von Mulden und Gruben führt der Weg durch die **Brunnwiesalm** und **Hennaralm (Naturfreundehaus SV),** ab hier wieder ansteigend zum **Albert-Appelhaus.** Die Wirtsleute betreuen dieses Haus nun schon mehr als 25 Jahre und stehen Ihnen auch mit guten Ratschlägen zur Seite. **Gute Quartiere, beste Küche.** Materialseilbahn. Siehe auch Wegbeschreibung unter Wz. 118 a.

III. Bergtouren Grundlsee

118a Auf den Backenstein (1772 m) und zum Albert-Appelhaus, Weg 235/236

Lohnender Aussichtsberg, Hausberg der Grundlseer.

Ausgangspunkt: Gh. Schraml Grundlsee
Durchschn. Gehzeit hin und zurück:
5 Stunden 22 Punkte
Grundlsee – Backenstein – Appelhaus:
8½ Stunden h.u.z. 38 Punkte

Größter Höhenunterschied gegenüber Talniveau: 1050 m
Anforderungen: Kondition, Ausdauer
Besondere Ausrüstung: gute Bergrausrüstung
Empfohlene Rückwege: siehe Wz. 118

Vom **Gasthof Schraml** in Grundlsee leitet uns schon die Markierung auf den **Backenstein** bzw. zum **Appelhaus**. Vom „**Panoramaweg**" zweigen wir gleich linkerhand in den Hochwald hinauf ab und steigen mäßig steil nach oben. Wir erreichen einen Forstweg und folgen der Beschilderung rechterhand weiter. An einem Felswandl endet der breite Weg und hier, oberhalb der Abstürze nach **Gaiswinkel**,

ALBERT-APPEL-HAUS
Wz. 104, 106, 118, 119
Schutzhütte des ÖTV,
am Weitwanderweg 201 im Toten Gebirge
Erbaut 1927, 40 Betten, 70 Lager,
Material-Seilbahn ab Grundlsee/Rößlern

**Pächter: Franz und Martina Grill,
Bräuhof 23, 8993 Grundlsee,
Tel. 03622/8367 oder 0663/10202**

Geöffnet durchgehend von Mitte Juni bis Ende September,
Mai und Oktober auf Anfrage
Gute Küche, ganztägig warme Speisen, große Gasträumlichkeiten

Halbtages- und Tageswanderungen:
Redender Stein 1900 m, Woising 2064 m, Rinnerkogel 2012 m, Wildensee
Übergänge: Hochklopfsattel - Loserhütte, Pühringerhütte - Grundlsee oder
Pühringerhütte - Gr. Priel, Wildensee - Schönberg, Wildensee - Offensee u.v.a.
Erreichbar über Grundlsee - Almberg - Altaussee - Hochklopfsattel/Altaussee -
Loser - Offensee - Rinnerstüberl - Wildensee
Zentraler Stützpunkt für viele Wanderungen und Touren

III. Bergtouren Grundlsee

beginnt der alte, gut ausgebaute Saum- und Almtriebweg auf die Hochalmen am „**Almberg**" und weiter zum **Appelhaus.** Bald bleiben die letzten Waldbäume zurück und im alpinen Gelände windet sich nun der Steig in vielen Kehren nach oben (unterwegs Quelle und Unterstandshöhle!). – Oberhalb des Pfades der riesenhafte Höhleneingang des „**Almberglochs**" (Begehung nur für Spezialisten!). – Schließlich erreichen wir ganz nahe an den wuchtigen Wandfluchten des Backensteins, die oberste Geländestufe, wo nun auch der sogenannte „**Almbergweg**", leicht an- und absteigend über **Brunnwiesalm** und **Hennaralm (Naturfreundehaus)** zum **Albert-Appelhaus** führt. Gleich am Beginn des Weges, bei einem Weidetörl, zweigt rechterhand gut beschildert und markiert der Steig zum **Backenstein** ab. Steil, aber ungefährlich geht es im latschenbestandenen Rasengelände hinauf und bald sind wir oben am Plateau mit dem **höchsten Punkt (1771 m)**. Das **Gipfelkreuz** mit der prachtvollen Aussicht über den Grundlsee, ins Tote Gebirge, zum Dachstein und in die Niederen Tauern steht aber weiter südwärts, am Rand der Abstürze und die fünfzehn Minuten dort hinüber sollten wir unbedingt noch auf uns nehmen.

118 b Albert-Appelhaus – Woising (2064 m), Weg 232

Schöner Aussichtsberg, Anstieg über Hochplateau mit Latschenbewuchs; nur bei Schönwetter.

Ausgangspunkt: Appelhaus
Durchschn. Gehzeit 1 Strecke:
2 Stunden 8 Punkte
Durchschn. Gehzeit hin und zurück:
4 Stunden 20 Punkte

Größter Höhenunterschied gegenüber Ausgangspunkt: 430 m
Anforderungen: Kondition, Erfahrung, Ausdauer
Besondere Ausrüstung: Wanderausrüstung

Vom Appelhaus ein kurzes Stück nach **Weg 201** in **Richtung Pühringerhütte,** dann links auf **Weg 232** abzweigen (auf Wegweiser achten). Den **unteren Seeweg** (er führt in einem Ring zum „**Henar-Seelein**" und zurück zur Hütte) entlang und weiter über teils felsiges, teils latschenbewachsenes Gebiet in stetigem Auf und Ab und nur mäßig steigend in nordöstlicher Richtung über das **Gellerwiesl**

III. Bergtouren Grundlsee

zum breiten Nordwestrücken des Berges. Über die **Woisingerleit'n** geht es zuletzt dann steil bergauf zum Gipfel. Herrlicher Rundblick, vor allem auch in den oberösterreichischen Alpen-Nordrand, den Almsee, den Kasberg, den Traunstein etc.

119 Über die **Lahngangseen zur Pühringerhütte (1637 m), Weg 214 (ÖAV Sekt. Wels)**

Landschaftlich besonders schön, ohne nennenswerte Schwierigkeiten.

Ausgangspunkt: Bushaltestelle Schachen oder **Gößl**
Durchschn. Gehzeit 1 Strecke:
4 Stunden   18 Punkte
Durchschn. Gehzeit hin und zurück:
7½ Stunden   34 Punkte
Größter Höhenunterschied gegenüber Talniveau: 930 m
Anforderungen an Kondition, Erfahrung, Ausdauer etc.: Ausdauer
Besondere Ausrüstung: Bergausrüstung, Schlechtwetterzeug, Proviant, ev. Schlafsack etc.

Empfohlene Rückwege und Übergänge: siehe Wz. 104
- **Pühringerhütte – Abblasbühel – Appelhaus**
  4 Stunden   18 Punkte
- **Appelhaus – Loserhütte**
  4 Stunden   18 Punkte
- **Appelhaus – Wildensee – Schönberg – Ischlerhütte – Blaa-Alm**
  10 Stunden   50 Punkte
- **Pühringerhütte – Großer Priel Abstieg** nach **Hinterstoder** oder ins **Almtal**
  9 Stunden   45 Punkte

Anstieg: Von der **Haltestelle Schachen** verläuft eine Forststraße in nördlicher Richtung, später in einer langen Krümmung nach Osten und bringt uns gleichmäßig ansteigend zu einer nach links weisenden **Abzweigung zur Pühringerhütte.** Später gabelt sich der Weg nochmals, links geht es in steilem Aufstieg zur **Gößleralm (siehe Wz. 120),** der rechte Zweig mit der **Nr. 214** bringt uns über das „**Drausengatterl**" (der Name deutet vermutlich auf häufiges Tropfwasser hin) und den „**Lahngang**" – eine steile Schotterriese, die wir queren – zum **Lahngangsee** in rund 1500 Meter Seehöhe. Besonders schöne Fotomotive mit den Steilabbrüchen des **Salzofen!** Auf einem Spazierweg entlang des Sees und dann wieder bergan zur **Elmgrube** mit einigen **Jagdhütten.** Von dort mit geringen Höhenunterschieden durch ein Hochtal und über „**Emils Tränenhügel**" – kein Mensch konnte mir bis jetzt sagen, welche Bewandtnis es damit hat – in etwa 35 bis 45 Minuten zur **Pühringerhütte.**

Pühringerhütte 1637 m

ÖAV-Haus in gemütlicher,
althergebrachter Schutzhütten-Atmosphäre
Am Schnittpunkt des Weitwanderweges 201
mit dem Weg 214 vom Grundlsee – Lahngangseen
– Pühringerhütte – Röllsattel zum Almsee.
Wanderziele, Ausflüge siehe Wz. 104, 118 119, 119 a, 119 b, 119 c.

Natur erleben!
Eine Wanderung ins Herz
des Toten Gebirges

Bewirtschaftet von 1. 6. – 30. 9.
26 Betten, 50 Lager
Gruppenvoranmeldung erbeten
Tel. 0663/833241 (03622/8293 oder 8678)

Die Wirtsleut Johann und Justine Sandner

III. Bergtouren Grundlsee

Der Salzofen mit vord. Lahngangsee.

Ausgangspunkt für zahlreiche Hochgebirgswanderungen und -touren wie **Elm, Rotgschirr, Salzofen, Wildgößl** und **Gr. Priel** u.a. Siehe Wz. 119 a, b und Wz. 120.

119 a Von der Pühringerhütte auf den Elm (2128 m)
Sehr schöner Aussichtsberg.

Ausgangspunkt: Östlich der Pühringerhütte
Durchschn. Gehzeit hin und zurück:
4 Stunden   20 Punkte

Höhenunterschied: rd. 500 m
Anforderungen an Kondition, Erfahrung, Ausdauer etc.: Erfahrung, Ausdauer
Besondere Ausrüstung: Bergausrüstung, gutes Schuhwerk, Proviant, Wetterzeug

Mit Rücksicht auf den Wildbestand und aus jagdlichen Gründen **vermeiden Sie bitte jeglichen Lärm, lautes Schreien oder Ablassen von Steinen.**

III. Bergtouren Grundlsee

Von der Pühringerhütte wandern wir etwa 300 Meter in östlicher Richtung nach dem **Weg 201,** wo nach rechts ein neuerdings rot markierter Steig durch steiles Gelände über die **Elmwiesen** ansteigt. Auf einem breiten Rücken zieht der Weg nach Südwesten in sehr steiles, felsiges Terrain und weiter zu einer Almgras- und Latschenfläche. Nun wandern wir über einen ungefährlichen und nicht mehr steilen Rücken zum **Gipfelkreuz.** Der völlig freistehende Berg bietet eine eindrucksvolle Aussicht nach allen Richtungen. Trotz seines rundlich-bewachsenen Erscheinungsbildes ist er aber **nicht ungefährlich.** Treten Sie bei aufziehendem Schlechtwetter schnellstens den Rückweg an!

119 b Von der **Pühringerhütte auf das Rotgschirr (2270 m), Wege 201/266**

Versicherter Steig durch Geröll und Felsgelände, für Geübte, ebenfalls beste Aussicht rundum.

Ausgangspunkt:
Pühringerhütte, Weg 201
Durchschn. Gehzeit hin und zurück:
4½ Stunden   22 Punkte
Größter Höhenunterschied gegenüber
Ausgangspunkt: 643 m

Anforderungen: Kondition, Erfahrung, Ausdauer, Trittsicherheit, Schwindelfreiheit
Besondere Ausrüstung: gute Bergausrüstung, Schlechtwetterzeug, bestes Schuhwerk, Proviant, Getränk etc.
Empfohlener Rückweg: auf demselben Weg

Nach dem Weg 201 bis zur **Geiernestquelle** und vorbei an der Abzweigung des über den „**Sepp-Huber-Steig**" führenden Weges 214, der über den **Röllsattel** steil hinunter zum **Almsee** führt, kommen wir nach 300 Metern zu einer weiteren Gabelung. Rechts weiter führt der **Weg 201** zum **Großen Priel,** wir biegen halb links ein auf den **Weg 266** und steigen in nordöstlicher Richtung zur **Westflanke des Rotgschirr.** Über rasendurchsetzte Schuttfelder und Felsblöcke erreichen wir einen versicherten Steig, über den wir rasch zum Gipfelkreuz kommen, an dem wir auch das **Gipfelbuch** finden.
Nicht selten sind die Wände des **Rotgschirr** bei Sonnenuntergang rötlich überhaucht. Das Alpenglühen spiegelt sich besonders eindrucksvoll im Elmsee. Pflichtfoto!

III. Bergtouren Grundlsee

119 c Von der **Pühringerhütte auf den Salzofen** (2070 m), **den Wilden Gößl** (2066 m) und zurück, Wege 201, 213, 239

Höhenrundweg für Geübte.

Ausgangspunkt: Pühringerhütte
Durchschn. Gehzeit:
4½-5 Stunden   25 Punkte
Bei anschließendem Abstieg ins Tal:
über Elmgrube – Lahngangseen
7½-8 Stunden   38 Punkte

Größter Höhenunterschied gegenüber Ausgangspunkt: 430 m
Anforderungen: Kondition, Erfahrung, Ausdauer, Trittsicherheit, Schwindelfreiheit
Besondere Ausrüstung: beste Bergausrüstung, Wetterzeug, Proviant, Getränk etc.

Von der **Pühringerhütte** über die **Elmgrube** nach **Weg 201** auf den **Abblasbühel,** ca. 200 Höhenmeter ansteigend. Vor der Anhöhe führt links ein steiler Steig über Geröll und Felsgebiet auf ein Plateau mit herrlicher Fernsicht. Nach links weiter über **Weg 213** in etwa ¾ Stunden auf den **Salzofen** mit seinen herrlichen Ostwänden. Zurück hinunter bis zum Plateau, über das wir gekommen sind und nach **Weg 239** weiter auf den **Wilden Gößl** und dann steil hinab über großteils grünes Gelände zur „**Wiesn**" mit ihrer erfrischenden **Lacke** (kein Trinkwasser). Nach **Weg 201** geht es wieder zurück über den „**Abblaser**" und die **Elmgrube** zur Hütte oder auch ins Tal.

120 Über die Schwaiberalm zur Gößleralm (1585 m), Wege 214, 213

Eine der landschaftlich schönsten Almwanderungen des Salzkammergutes, Hochgebirgs-Rundwanderung möglich, siehe unten.

Ausgangspunkt:
Bushaltestelle **Schachen** oder **Gößl**
Durchschn. Gehzeit Schwaiberalm:
3 Stunden h.u.z.   14 Punkte
Durchschn. Gehzeit Gößleralm:
5 Stunden h.u.z.   23 Punkte

Mit Abstecher zum Dreibrüder-See:
6 Stunden   27 Punkte
Größter Höhenunterschied gegenüber Talniveau: 860 m
Anforderungen: Kondition, Ausdauer
Besondere Ausrüstung:
Wanderausrüstung, Bergschuh etc.

Von der Haltestelle **Schachen** wie unter **Wz. 119** über die Forststraße nach **Weg 214** bis zur links liegenden Abzweigung eines Karrenweges,

III. Bergtouren Grundlsee

Halterhütte Nähe Aibl-Sattel mit Dreibrüderkogel am Weg 213. Rastl-Foto

der in 30 Minuten zur **Schwaiberalm** führt.
Wollen wir zur **Gößleralm,** bleiben wir noch auf der **Markierung 214** und gehen die Forststraße weiter, an der Einmündung des von Gößl kommenden Weges vorbei, um an der nächsten Weggabel den linken **Weg 213** zu nehmen. Es geht erst mäßig, später steil bergauf in vielen Serpentinen zur idyllisch gelegenen **Gößleralm.** In sie waren lange vor uns schon Maler, Musiker und Dichter verliebt. Der wunderschöne Weiterweg nach **Nr. 213** über das **Aibl** oberhalb der **Graswand,** hunderte Meter über den **Lahngangseen,** zum **Salzofen (2070 m),** der durch archäologische Funde in der **Bärenhöhle** berühmt geworden ist, und weiter über den **Abblasbühel** zur **Elmgrube** ist etwas für **ausdauernde, geübte** und **trittsichere** Feinschmecker.

Gößleralm – Salzofen – Abblasbühel – Elmgrube – Pühringerhütte ab Schachen 8 Stunden, 38 Punkte.
Abstieg Pühringerhütte nach Gößl wie Wz. 119
3 Stunden, 14 Punkte.

Wz. 121 bis 123 reserviert für spätere Ergänzungen

III. BERGTOUREN IN PICHL-KAINISCH und Umgebung

124 Über **Langmoosalm zum Rötelstein** (1614 m), Weg 253

Mittlere Bergwanderung ohne besondere Schwierigkeiten, schöne Aussicht, auch Rundwanderung

Ausgangspunkt: Kainischwirt
Durchschn. Gehzeit hin und zurück:
6 Stunden 27 Punkte
Größter Höhenunterschied gegenüber Talniveau: 800 m
Anforderungen: Ausdauer, Kondition

Besondere Ausrüstung: Wanderkleidung, festes Schuhwerk
Empfohlener Rückweg: ev. über **Kampl – Seidenhofalm** siehe Wz. 124 a, Weg 24 (örtliche Numerierung), hin und zurück
7 Stunden 32 Punkte

Vom **Kainischwirt** nach Norden entlang einem Bachlauf, dann nach rechts abbiegen und nach einem Fahrweg durch den Ortsteil **Kranaweter** erst in westlicher, dann nördlicher und schließlich in halb westlicher Richtung bis zum **Weg 253,** der vom **Radlingpaß** heraufzieht. Weiter über das „kalte Bründl" bis zur **Langmoosalm,** jedoch knapp vorher nach links abbiegen zum **Rötelstein (Weg 270).** Siehe auch Wegbeschreibung Wz. 110 a und 117 b.

Der Rückweg kann ab **Langmoosalm** nach **Weg 270** bis unterhalb des **Feuerkogels** und dann nach Südosten abzweigend über einen leichten Anstieg zum Kampl (1686 m) genommen werden. Traumhafter Rundblick! Panorama über Dachstein – Tauern – Totes Gebirge. Der Abstieg erfolgt nun in nordwestlicher Richtung bis zu einem **Wegkreuz (zum heiligen Namen)** und dann über die **Seidenhofalm** in die Ortschaften **Malzen** oder **Knoppen.** Ein weiterer, lohnender Abstieg empfiehlt sich

a) vom **Rötelstein** über die **Ausseer-** und **Hinterberger Teltschenalm** (Abstieg bis Teltschenalm nach **Weg 270** Richtung Weißenbachalm) und weiter nach einer Fahrstraße, die wir nach etwa 30 Minuten verlassen, und nach **Weg 25** über das **Gehöft Weichbold** nach Obersdorf, oder

b) von der Abzweigung Feuerkogel über den Kampl und die Seidenhofalm nach Knoppen (Weg 24, örtliche Numerierung).

III. Bergtouren Pichl-Kainisch

124 a Über Seidenhofalm zum Kampl (1685 m), Weg 24

Schöne Panorama-Wanderung, Rundwanderung.

Ausgangspunkt: Knoppen **Gasthof Muß**
Durchschn. Gehzeit Rundwanderung:
7 Stunden 32 Punkte
Größter Höhenunterschied gegenüber Talniveau: 860 m

Anforderungen: Kondition, Ausdauer
Besondere Ausrüstung: Wanderausrüstung etc.
Empfohlener Rückweg: über **Langmoosalm – Rötelstein – Kainisch** Weg 270/253

Von **Knoppen** nordwärts über **Knoppenberg**, später zwei Forststraßen querend nach der örtlichen **Weg-Nr. 24** auf die **Seidenhofalm**. Weiter ansteigend führt Sie der Weg zum „**Namen Jesu**" (im Volksmund „beim heilign Nam'") und weiter zum Gipfel des **Kampl**. Nun in nordwestlicher Richtung etwa 200 Höhenmeter bergab, zum **Weg Nr. 270 Weißenbachalm – Rötelstein** (1614 m), und links weiter zur **Langmoosalm.** Unmittelbar nach den Almhütten nach rechts und nochmals über einige Serpentinen ansteigend auf einen Bergrücken und weiter über Felsen, teils durch Latschen zum Gipfel des Rötelstein (1614 m).

Der Rückweg erfolgt von der **Langmoosalm** über **Weg 253** bis auf eine Höhe von ca. 1150 Metern, wo wir links abzweigend einen Schotterweg nach **Kainisch** finden.

125 Zur Schreiberinalm (ca. 1300 m)

Almwanderung großteils über Forststraßen, kaum befahren.

Ausgangspunkt: entweder Kainisch **Ödenseestraße** nach der Bahnübersetzung links oder von **Pichl** nach **Mühlreith**
Durchschn. Gehzeit hin und zurück:
6 Stunden 27 Punkte

Anforderungen: Ausdauer
Besondere Ausrüstung: Wanderkleidung, Wetterzeug, Verpflegung

Von **Kainisch** nach der Ödenseemarkierung bis über die Bahnübersetzung und dann links in eine Forststraße abzweigen, oder von **Pichl** – Überführung **Bundesstraße 145** – nach **Mühlreith**, über die **Traunbrücke** (Riedlbach) und nach Süden weiter bis zum

III. Bergtouren Pichl-Kainisch

Haus Heiss, dann durch das Weidegatter in die **Au.** Der Weg steigt mäßig an und trifft nach einigen hundert Metern auf die **Schreiberinalm-Forststraße,** welche von **Kainisch** heraufführt. Wandern Sie nach dieser ca. 500 Meter weiter und biegen Sie an der nächsten Gabelung **links** ein **zur Austube,** einer Jagdhütte. Von hier steigt die Straße stark an, bei der ersten Gabelung gehen Sie dann **rechts** (bitte achten Sie genau darauf, Forststraßen enden oft in Sackgassen), bei der zweiten nach **links** (die Straße nimmt hier eine Wende von fast 180 Grad).
Von hier müßten Sie in etwa 30 bis 40 Minuten die **Schreiberinalm** erreichen. Vergessen Sie die Karte nicht, es gibt keine Markierung!

Nach einer anstrengenden Wanderung
sollten Sie sich
einmal so richtig verwöhnen lassen!

Im Thermal-Freibad,
im Sole-Mineral-Hallenbad,
im Tepidarium (Laubad) oder
bei einem tüchtigen Masseur.

**Kur-, Erholungs- und Sportzentrum
Bad Heilbrunn
Kurzentrum Bad Aussee
Tepidarium Pichl-Kainisch**

Wz. 126 bis 128 reserviert für spätere Ergänzungen

III. BERGTOUREN IN BAD MITTERNDORF und Umgebung

129 Zauchen – Tauplitzalm (1620–1640 m), Weg 218/276

Angenehmer Aufstieg, im unteren Bereich waldig, **ev. Rundweg.**

Ausgangspunkt: Gh. Schrottshammer Zauchen
Durchschn. Gehzeit:
3 Stunden   14 Punkte
Größter Höhenunterschied gegenüber Talniveau: 800 m
Anforderungen: Ausdauer
Besondere Ausrüstung: normale Wanderkleidung, festes Schuhwerk

Empfohlener Rückweg: nach Wz. 139a über **Ödernalm – Kochalm**
4 Stunden   18 Punkte
nach Wz. 129 a über **Lopernalm-Ramsanger**
2½ Stunden   12 Punkte
Sessellift nach Tauplitz oder Alpenstraße nach Bad Mitterndorf (Busverbindung)

Beim **Gasthof Schrottshammer** in Zauchen biegt ein **Weg (Nr. 218)** in nördlicher Richtung von der Ortsstraße ab und führt, erst mäßig steigend, dann steiler werdend am **Himmelbauer-Lift** vorbei. An der nun folgenden Gabelung nicht rechts abzweigen sondern geradeaus weitergehen, immer entlang des **Zauchnerbaches.** An einer Holzknechthütte vorbei über die **Brentenmöser** führt der Weg weiter großteils durch Hochwald zur Tauplitzalm, die man nach **Weg 218** nahe des **Karl-Holl-Hauses** (ÖAV) oder nach **Weg 276** (Gabelung bei den Brentenmösern) weiter östlich **beim Naturfreundehaus** erreicht.

129 a Tauplitzalm über Angern – Ramsanger – Lowean und auf den Lawinenstein (1966 m)

Anstieg durch Waldgebiet, später entlang der Tauplitzalmstraße.

Ausgangspunkt: Ortsmitte zwischen **Konsum** und **Bäckerei**
Durchschn. Gehzeit 1 Strecke:
3 Stunden   14 Punkte
Durchschn. Gehzeit hin und zurück:
5½ Stunden   25 Punkte

Größter Höhenunterschied gegenüber Talniveau: 800 m
Anforderungen: Ausdauer, Kondition
Besondere Ausrüstung: Wanderkleidung
Empfohlener Rückweg: über Brentenmöser, siehe Wz. 129 a

Nach der **Kochalmstraße** 1,5 km nach Norden bis zum **Forsthaus Angern** (beachten Sie auch die wunderschöne Anlage des örtlichen

III. Bergtouren Bad Mitterndorf

Kneippvereins), dort nach rechts einbiegen in eine Forststraße und den Riesenbach aufwärts bis zu einem Wegkreuz. Hier endet der Fahrweg; nach der örtlichen Weg-Nr. 9 in östlicher Richtung zur Jagdhütte **Ramsanger (1328 m),** die Tauplitzstraße mehrmals querend zur Lopernalm (Lowean) und später, parallel zu dieser, **zum Karl-Holl-Haus (1621 m)** auf der **Tauplitzalm.**
Von der **Lowean** nach links zweigt hier der Anstiegsweg **274 a** zum **Lawinenstein** ab. „Lawinenstein" und „Lopernalm" sind erst in den

Tauplitzalm/Bergkirche.

III. Bergtouren Bad Mitterndorf

letzten Jahrzehnten wohl aus touristischen Gründen eingeführte Verballhornungen für das uralte – möglicherweise keltische – Wort **Lowean**. Der „**Loweana**", den Sie ab hier in **1 1/2 Stunden** erreichen, bietet eine umfassende Rundsicht auf die Tal- und Berglandschaft des Salzkammergutes und der umliegenden Gebirgszüge.
Für Abstecher auf den Lawinenstein h.u.z. zusätzlich 2 1/2 Stunden, 12 Punkte, siehe auch Wz. 142; bei Abstieg Lawinenstein – Hollhaus zusätzlich 1 1/2 Stunden, 7 Punkte.

129 b Bad Mitterndorf – Tauplitzalm über die Ödernalm, Weg 272

Bis Kochalm nach Wz. 89, Forststraße bis Ödernalm durch romantisches Tal, schattiger Aufstieg zur Alm

Ausgangspunkt: Ortsmitte
Durchschn. Gehzeit 1 Strecke:
4 Stunden   16 Punkte
Durchschn. Gehzeit hin u. zurück:
6 1/2-7 Stunden   30 Punkte
Größter Höhenunterschied gegenüber Talniveau: 800 m

Anforderungen: Ausdauer
Besondere Ausrüstung: Wanderausrüstung, fester Schuh etc.
Empfohlener Rückweg: über **Brentenmöser** oder **Ramsanger** Wz. 129, 129 a oder über **Weg 275 ab Steirerseehütte – Freiberg** nach Tauplitz

Anstieg von **Bad Mitterndorf** über **Kochalm** bis Abzweigung **Schneckenalm Weg 271/272**, siehe **Wz. 89 a**, dann nach der **Ödernalm-Forststraße** (Befahren nur für Forstfahrzeuge und Almberechtigte) dem **Salzabach** entlang unter den Steilwänden des „**Loweana**" und des **Schneiderkogels** zur **Ödernalm**. Anstieg nach Süden erst mäßig, dann steil ansteigend über schmalen Steig durch das **Öderntörl** zum Nordrand der Hochfläche. Gabelung am **Großsee**, rechts zum **Hollhaus** links zum **TVN-Tauplitzhaus** und **Kirchenwirt**.
Die **Tauplitzalm** ist nicht nur eines der **ältesten Schigebiete** Österreichs, sondern auch ein **Wander- und Ausflugsgebiet** mit schier unerschöpflichen Weg-Varianten.
Bad Mitterndorf – Kochalm – Ödernalm und zurück siehe Wz. 89. Entlang Weg 16 über Krautmoos oder nach der Kochalmstraße – Ödernalmstraße 5 1/2 Stunden, 22 Punkte.

III. Bergtouren Bad Mitterndorf

130 Über Reith und Krautmoos zum Kampl (1685 m), Weg 270

Wiesen- und Waldregion, freie Aussicht vom Gipfel, Rundwanderung.

Ausgangspunkt: westlicher Ortsrand
Durchschn. Gehzeit Rundwanderung:
6 Stunden 27 Punkte
Größter Höhenunterschied gegenüber Talniveau: 850 m
Anforderungen: Ausdauer

Besondere Ausrüstung: Wanderausrüstung, Bergschuh
Empfohlener Rückweg: über **Seidenhofalm** nach **Obersdorf,** siehe Wz. 110, 110a, 117 b

Vom westlichen Ortsrand nordwärts nach **Reith** und dem **Weg 270** folgend und den **Rödschitzbach** aufwärts bis **Krautmoos.** Etwa 400 Meter weiter nimmt der Weg eine Linkswendung **(Abrahamhalt)** und führt über die **Mischenirwiese** und vorbei am **Jagdhaus Mühlstein** zur **Hinterberger-** und **Ausseer Teltschenalm.** An einem Wegkreuz treffen wir auf den von der **Weißenbachalm** durch den **Eisengraben** heraufkommenden Weg und gehen links weiter. 200 Meter weiter wenden wir uns an der nächsten Weggabel abermals nach links und erreichen in Richtung Südosten weiter ansteigend nach 30 bis 40 Minuten das Gipfelkreuz. Der Rückweg über die **Seidenhofalm** kreuzt im Abstieg zwei Forststraßen und trifft östlich des **Kumitzberges** auf die **alte Salzstraße,** oder erreicht nach einer westlichen Variante über Knoppenberg den Gasthof Muß in Knoppen.

131 Auf das Hochmühleck (1731 m), Weg 20

Mühelos aber lohnend, teils Forststraßen.

Ausgangspunkt: Ortsmitte nach Weg 15 über Neuhofen zu Weg 20 oder von Obersdorf nach Süden zu Weg 20
Durchschn. Gehzeit hin und zurück:
6 Stunden 27 Punkte

Größter Höhenunterschied gegenüber Talniveau: 900 m
Anforderungen: Kondition, Ausdauer
Besondere Ausrüstung: Wanderkleidung

Von Bad Mitterndorf-Ortsmitte nach **Weg 15** in Richtung Süden und über **Neuhofen zu Weg 20** bis zu einer Gabelung. Beide weiterführenden Wege führen die **Nr. 20.** Wir nehmen den rechten Ast und wandern ortsseitig vor dem **Kraglgut** nach Westen bis wir auf den **von Obersdorf** aus nördlicher Richtung kommenden Weg (ebenfalls Nr. 20) treffen. Entlang einer Forststraße gehen wir nun durch Wald in westlicher, später in fast südlicher Richtung weiter nach einem alten **Zugweg** (Holzfuhren), kreuzen eine Forststraße, gehen ein weiteres Mal an einer Kehre derselben vorbei und steigen auf zur **Goseritzalm** (1419 m). Von der Alm steigen wir in südlicher Richtung weiter mäßig an und erreichen über Serpentinen – kurz vor dem Gipfel nach Westen wendend – **das Hochmühleck.** Ein zu unrecht vernachlässigter Aussichtsberg mit intakter Blumenwelt.

Einheimische nehmen als **Rückweg** auch eine ab **Goseritzalm** nach Westen abzweigende Forststraße, von deren Ende man über einen schmalen und **unmarkierten Fußsteig** (in der Karte punktiert) die **Schreiberinalm** erreichen kann **(Wz. 125).** In der Vegetationsperiode des Hochsommers kann dieser Steig aber unter Umständen zwischen üppigen Stauden und Sträuchern schwer zu finden sein.

132 Auf den Grimming (2351 m), Weg 683

Klassische Bergtour für absolut geübte Berggeher, nur bei absolutem Schönwetter!

Ausgangspunkt: Krungl, Furt oder **Klachau,** PKW-Anfahrt bis **Kulm-Stangl** möglich
Durchschn. Gehzeit hin und zurück:
9 Stunden   54 Punkte

Anforderungen an Kondition, Erfahrung, Ausdauer: Trittsicherheit, Schwindelfreiheit
Besondere Ausrüstung: beste Bergausrüstung und Schuhe, Notversorgung für 1. Hilfe etc., Karte Freytag & Berndt Nr. 082 1:50.000

Der Grimming (2351 m), der das Landschaftsbild des Tales aus allen Richtungen beherrscht, kann – abgesehen von den Anstiegsmöglichkeiten aus dem Ennstal – sowohl aus Richtung Bad Mitterndorf als auch von Tauplitz/Klachau bestiegen werden, in dessen Gemeindegebiet er ja überwiegend liegt.

Soferne der Weg bis zum Anstieg nicht per PKW zurückgelegt wird, d.h. Bundesstraße 145 bis Klachau – alte Klachaustraße – rechts abbie-

III. Bergtouren Bad Mitterndorf

gen in die Kulmstraße und weiter bis zur Jausenstation Kulm/Stangl, wird der Anmarsch zu Fuß wie unter Wz. 44 empfohlen: über Hoisbauer – Graben – Gh. Kanzler – Kulm.
Aufstieg zum Grimminggipfel siehe unter Wz. Nr. 150, Tauplitz.

Wz. 133 bis 136 reserviert für spätere Ergänzungen

Die sanitären Probleme auf alpinen Schutzhütten sind längst nur mehr eine romantische Erinnerung.

III. BERGTOUREN IN TAUPLITZ-TAUPLITZALM und Umgebung

137 Tauplitzort – Tauplitzalm (1620 m) über Mittelstation

Anspruchsloser Aufstieg durch Wald, schöne Ausblicke.

Ausgangspunkt: Talstation
Durchschn. Gehzeit 1 Strecke:
2 Stunden 9 Punkte
Größter Höhenunterschied gegenüber Talniveau: 730 m
Besondere Ausrüstung: Wanderkleidung

Empfohlener Rückweg: über **Brentenmöser – Furt** siehe Wz. 129,
2½ Stunden 10 Punkte
über **Ödernalm – Kochalm** siehe Wz. 129 b,
4 Stunden 18 Punkte
über **Ramsanger – Bad Mitterndorf/Zauchen** siehe Wz. 129 a,
2½ Stunden 12 Punkte

Tauplitz/Ort mit Grimming (2351 m).

Rechts oberhalb der **Talstation** zweigt in nördlicher Richtung ein Weg ab und verläuft parallel zur **Seilbahntrasse** bis zur **Mittelstation.** An dieser vorbei durch steiles Waldgelände, einen Bach querend, nimmt dann der Weg für kurze Zeit einen Verlauf nach Osten und geht dann weiter nach **Weg 276** nordwärts nun schon etwas flacher in freiem Gelände mit Aussicht auf die umliegende Bergwelt zum **Kaufhaus Lexer, Tauplitzalm.**

137 a Über **Furt – Bergeralm – Brentenmöser zur Tauplitzalm,** Weg 273

Angenehmer, nicht zu steiler Aufstieg großteils durch waldiges Gebiet.

Ausgangspunkt: Ortsmitte
Durchschn. Gehzeit eine Strecke:
3½ Stunden 16 Punkte
Größter Höhenunterschied gegenüber Talniveau: 800 m
Anforderungen: Kondition, Ausdauer
Besondere Ausrüstung: Wanderausrüstung

Empfohlener Rückweg: über Mittelstation siehe Wz. 137,
2 Stunden 9 Punkte
über Ödernalm – Kochalm siehe Wz. 137, 139,
4 Stunden 18 Punkte
über Ramsanger nach Zauchen, siehe Wz. 129 a,
2½ Stunden 12 Punkte

Nach der östlichen Umfahrung und dann rechts abbiegend bis **Furt,** nach Westen weiter vorbei an einem **Sendemast** und rechts weiter nach einer Fahrstraße in Richtung Nordwesten. Zahlreiche Kehren und Kurven, die Straße endet nach etwa 2 Kilometern. Weiter nach **Markierung Nr. 273** über das **Almtörl** zur verfallenen **Bergeralm** und links am **Krahstein** vorbei immer mäßig steigend zu den **Brentenmöserhütten.** (Das Wort „Brenten" deutet in alter Sprache auf **Almwirtschaft** hin.) Der Weg vereinigt sich hier mit **Weg 218** zum **Hollhaus,** kann aber auch nach einer starken Rechtswendung (Ost), nach **Weg 276,** über **Mösergraben** (nach Wz. 137) **zum Kirchenwirt** bzw. Kaufhaus fortgesetzt werden.

III. Bergtouren Tauplitz-Tauplitzalm

138 Tauplitzalm – Steirersee – Schwarzensee – Rieshöhe – Tauplitzort, Weg 218/216

Landschaftlich äußerst reizvoller, abwechslungsreicher Abstieg.

Ausgangspunkt: Bergstation
Durchschn. Gehzeit 1 Strecke:
3¹/₂ Stunden   16 Punkte

Größter Höhenunterschied gegenüber Ausgangspunkt: 700 m
Anforderungen: Kondition, Ausdauer
Besondere Ausrüstung: Wanderausrüstung

Von der Bergstation nach Osten über das **Almplateau** und dann stark abfallend zum **Steirer-** und **Schwarzensee** über **Weg 218**.
Etwa 150 Meter, nachdem wir den **Schwarzensee** auf der rechten Seite passiert haben, zweigt in spitzem Winkel zurück der **Weg 216** ab und führt zunächst parallel zum Hang, später in Serpentinen steil absteigend zur **Risnerhütte** (unbewirtschaftet) und weiter hinab über die Scheiterstatt zum **Tauplitzboden**. Beim **Sagtümpel** (deutet auf ein wasserbetriebenes Sägewerke hin) über ein Bächlein kommen wir wenig später zur **Gnanitzstraße,** der wir nun ca. 500 Meter

Der Steirersee/Tauplitzalm (1457 m).

folgen. An der nächsten Gabelung können wir rechts über den **Freiberg** oder links über die **Ortschaft Greith** zur Ortsumfahrung von Tauplitz gelangen.

139 Von der Tauplitzalm nach Grundlsee
über **Schneckenalm** (1152 m), Wege 272/271, siehe Wz. 78 und 89

Übergang über uralte Tälerverbindung, nur bei trockenem Wetter.

Ausgangspunkt: Kirchenwirt oder **Hollhaus**
Durchschn. Gehzeit 1 Strecke:
5 Stunden   22 Punkte
Größter Höhenunterschied gegenüber Ausgangspunkt: Ziel 900 m tiefer, **Gegensteigung:** 150 m

Anforderungen: Kondition, Ausdauer
Besondere Ausrüstung: Wanderausrüstung, nässefestes Schuhwerk etc.
Empfohlener Rückweg: Busverb. bis Bhf. Bad Aussee, **Schiffsverb.** bis Gh. Lindlbauer Grundlsee

Vom Ausgangspunkt über den **Großsee**, vorbei am kleinen **Märchensee** über das **Öderntörl (1580 m)** und in steilem Nordwest-Abstieg durch Fels-, Schotter- und Latschengelände zur **Ödernalm**. Von hier nach einer kaum befahrenen Forststraße mäßig abfallend zum **Rechenplatz** (1002 m). **Unser Weg 272** verläßt hier die Forststraße nach rechts und trifft auf dem Bergrücken auf den von der **Schneckenalm** kommenden **Weg 271**. Wir können aber auch die kurz nach dem Rechenplatz abzweigende Forststraße nach rechts abbiegen und unterhalb der **Schneckenalm** an einem Bachlauf **(Schneckengraben)** den **Weg 271** treffen. Wegen des lehmig-nassen Geländes – besonders nach Regenperioden – dürfte dies die bessere Variante sein.
Weiterweg siehe **Wz. 89,** zweiter Absatz.

139 a Tauplitzalm – Ödernalm – Kochalm – Bad Mitterndorf

Weg **bis Rechenplatz** siehe oben, Weiterweg bergab über **Ödernalmstraße** zur **Kochalm, Gasthaus und Jausenstation.** Ab Kochalm

entweder nach der **Fahrstraße und Weg 11** in ca. 1¹/₂ Stunden nach Bad Mitterndorf, oder als **Höhenweg über Krautmoos** nach **Weg 16** in die Ortschaft **Reith.**
Tauplitz – Ödernalm – Kochalm – Bad Mitterndorf
4 Stunden, 18 Punkte.

140 Auf den Quendling (1645 m)

Lohnende Wanderung im Halbtagesbereich, Panoramablick auf Tauplitz, Grimming und Dachsteinmassiv.

Ausgangspunkt: Dorfplatz Tauplitz/Kirche
Durchschn. Gehzeit 1 Strecke:
3 Stunden 16 Punkte
Durchschn. Gehzeit hin und zurück:
5 Stunden 23 Punkte

Größter Höhenunterschied gegenüber Talniveau: 700 m
Anforderungen: Kondition, Ausdauer
Besondere Ausrüstung: gute Wanderausrüstung, gutes Schuhwerk, Regenschutz

Der Quendling, ein lohnender Aussichtsberg ohne besondere Schwierigkeit.

III. Bergtouren Tauplitz-Tauplitzalm

Vom **Dorfplatz** oder der **Kirche** zur Ortsumfahrung und weiter den Weg in Richtung **Spechtensee** über das Gehöft **Gewessler,** siehe Wz. 93. Von dort noch weiter nach einer blau-weißen Markierung, nach etwa 1 Kilometer zweigt links ein mäßig steigender Weg ab, der am Waldrand empor führt zu einem **Jagdhaus.** Dort wendet der Weg nach rechts (Osten) und geht an der Bergflanke weiter steigend einen **Forstweg** entlang. Nach weiteren 900 Metern biegt der Anstieg links in einen Steig ein, der zunächst parallel zum Hang, später steil ansteigend zu einem **Sattel** zwischen **Hechlstein (1815 m)** und **Quendling führt.** Von hier geht es nach Westen **über einen Grat zum Gipfel.** Für den Namen des Berges gibt es verschiedene Schreibweisen: Gwöhnlistein, Gwändling (deutet auf Felswände) oder Quendling, was wiederum auf häufiges Vorkommen des Quendls hindeutet, der auch als wilder Thymian bezeichnet wird und als Heilpflanze gilt.
Eine lohnende Wanderung und absolut nicht überlaufen.

141 Auf den Hechlstein (1814 m)

Anmarsch über kaum befahrene Forstwege, schöner Aussichtsberg, Weg 278.

Ausgangspunkt: Ortsmitte Tauplitz
Durchschn. Gehzeit hin und zurück:
5½ Stunden   25 Punkte
Größter Höhenunterschied gegenüber Talniveau: 900 m

Anforderungen: Kondition, Ausdauer, Trittsicherheit
Besondere Ausrüstung: gute Wanderausrüstung, festes Schuhwerk etc.
Empfohlener Rückweg: ev. Wörschachwald – Lessern oder Schrödis, siehe Wz. 93

Nach **Wz. 93** Anmarsch bis **Gehöft Hechl (1161 m),** dann weiter nach **Weg 278** bis zur Abzweigung nach links (ca. 2 km ab Hechl). Zuerst flach ansteigend durch das **Schneckental,** dann steiler werdend an der Ostflanke des Berges und schließlich parallel zum **felsigen Gipfelgrat** auf den höchsten Punkt.
P.S.: Bis **Gehöft Hechl Anfahrt mit PKW** über Wörschachwalderhof möglich.

III. Bergtouren Tauplitz-Tauplitzalm

142 Auf den Lawinenstein (Loweana, 1966 m), Weg 274

Breiter Bergrücken mit guter Aussicht, ohne Schwierigkeit.

Ausgangspunkt: Karl-Holl-Haus oder Zentralparkplatz Tauplitzalm
Durchschn. Gehzeit hin und zurück:
2 Stunden 9 Punke
Größter Höhenunterschied gegenüber Ausgangspunkt: 340 m
Besondere Ausrüstung: Wanderausrüstung
Empfohlener Rückweg: Weg 274 a Lopernalm, siehe Wz. 129 a

Vom **Hollhaus** erst absteigend dann über einen breiten Bergrücken, zeitweise entlang des Sesselliftes und einiger Schitrassen zum **Gipfel.** Der Lawinenstein ist nicht nur ein balkonartiger **Aussichtsberg,** der einen einzigartigen Überblick über das Salzkammergut und dessen Tallandschaften – z.B. den Grundlsee – gewährt, sondern auch ein äußerst **beliebter Schiberg** mit zahlreichen Abfahrtsvarianten.

143 Der Traweng (1981 m)

Reizvolle, aber nicht ungefährliche Bergtour für absolut Geübte und **trittsichere Geher.**

Ausgangspunkt: Parkplatz oder Linzer Tauplitzhaus
Durchschn. Gehzeit hin und zurück:
3^{1}/$_{2}$ Stunden 18 Punkte
Größter Höhenunterschied gegenüber Ausgangspunkt: 360 m
Anforderungen an Kondition, Erfahrung, Ausdauer: Trittsicherheit, Schwindelfreiheit
Besondere Ausrüstung: beste Bergausrüstung, Schuhwerk, Wetterschutz etc.

Vom **Linzer Tauplitzhaus** den **Weg 218** weiter nach Osten und bei der nächsten Gabelung nach links in nördlicher Richtung der **Marburgerhütte** zu (Allg. Turnverein Graz SV). Links an der Hütte vorbei steigen wir an, zunächst durch Latschen, dann schräg nach links über Geröll und Schrofen, an einer **Höhle** vorbei zu einer buckligen Hochfläche. Über den **Mittelgipfel** kommen wir auf einem ringförmigen Weg zum **Hauptgipfel** mit Holzkreuz und Gipfelbuch.

III. Bergtouren Tauplitz-Tauplitzalm

Sturzhahn-Westwand

*Der Sturzhahn, markantester Berg der Tauplitzalm, seine Westwand wurde erstmals 1936 von **Heinrich Harrer** und **K. Wallenberger** durchklettert.*

144 Tauplitzalm – Großer Tragl (2184 m), Weg 218/276

Schöne Tour auf die Karstfläche des Toten Gebirges. Bleiben Sie auf dem markierten Weg, Dolinen!

Ausgangspunkt: Linzer Tauplitzhaus
Durchschn. Gehzeit hin und zurück:
6 Stunden   30 Punkte
Größter Höhenunterschied gegenüber Ausgangspunkt: 580 m

Anforderungen an Kondition, Erfahrung, Ausdauer, Trittsicherheit
Besondere Ausrüstung: gute Bergausrüstung, festes Schuhwerk, Proviant, Getränk, Wetterzeug etc.

Vom **Linzer Tauplitzhaus** nach **Weg 218** absteigen zu den **Steirerseehütten,** links am Hang weiter bis zur Abzweigung des **Weges 276** und stetig ansteigend an den Ostabstürzen von **Sturzhahn** und **Tragln** vorbei und über **Himmelreich, Jungbauerkreuz** und **Schafleiten** zum **Traglhals,** einem Sattel nördlich des **Gr. Tragls**. Weiter nach Süden über grobes Geröll zum **Gipfel**.
Der **Große Tragl** ist auch ein klassisches **Ziel für Schitouren** mit Abfahrtsrouten zur **Tauplitzalm** und ins **Öderntal**. Eine mehrstündi-

III. Bergtouren Tauplitz-Tauplitzalm

ge Schi-Überquerung führt vorbei am Gr. Tragl zur Pühringerhütte (nur bei erstklassigem Firnschnee und sicherem Wetter im Frühjahr).

145 Der Almkogel (2121 m), Weg 218/277

Eindrucksvolle Rundsicht, keine besonderen Schwierigkeiten, Landesgrenze zu Oberösterreich.

Ausgangspunkt: Linzer Tauplitzhaus
Durchschn. Gehzeit 1 Strecke:
3½ Stunden 18 Punkte
Durchschn. Gehzeit hin und zurück:
6 Stunden 30 Punkte

Größter Höhenunterschied gegenüber Ausgangspunkt: 520 m
Anforderungen: Kondition, Erfahrung, Ausdauer
Besondere Ausrüstung: Bergausrüstung, ÖAV-Karte 1:25.000 15/2

Vom **Linzer Tauplitzhaus** nach **Weg 218** über **Steirersee** und **Schwarzensee** zur **Leistalmhütte** (ÖAV Linz SV) und weiter den **Weg 218** nach rechts über die **Kampalm** (verf.). Nach ca. 30 Minuten ab Leistalm queren wir ein schmales Bächlein und finden unmittelbar darauf links die Abzweigung des **Anstiegsweges 277** zum **Almkogel.**

Almkogel (2121 m).

III. Bergtouren Tauplitz-Tauplitzalm

Der Weg 218 geht weiter über **Interhütten – Grimmingboden – Türkenkarscharte** nach **Hinterstoder** (Weg 280), oder am **Grimmingboden** rechts abzweigend weiter zur **Hochmölbinghütte.**
Vom Anstieg weg erreichen wir den Gipfel des **Almkogels** mühelos in 1$^{1}/_{2}$ Stunden.
Von der Abzweigung hin und zurück **2$^{1}/_{2}$ Stunden, 12 Punkte.**

146 Tauplitz – Gnanitz – Interhütten – Leistalm – Tauplitz, Weg 218/216 oder 275

Großartige Rundtour, im Bereich Gnanitz – Interhütten nicht markiert.

Ausgangspunkt: nördlicher Ortsrand Tauplitz
Durchschn. Gehzeit gesamte Rundtour:
7-8 Stunden   34 Punkte

Größter Höhenunterschied gegenüber Talniveau: 800 m
Anforderungen: Kondition, Erfahrung, Ausdauer
Besondere Ausrüstung: gute Wanderausrüstung, Verpflegung, Getränk

Von der **Ortsmitte** über den Nordbogen der Umfahrung durch die Ortschaften **Törl** und **Greith** führt die Straße in die Gnanitz. PKW-Anfahrt bis zur Abzweigung des **Weges 275** möglich, da hier der Rundweg endet. Entlang des **Grimmingbaches** die Straße aufwärts bis zu den Hütten der **Gnanitzalm** (bewirtschaftet von Juni bis Mitte Sept.). Bei den letzten Hütten zweigt nach Norden (links) ein **Forstweg** ab, der später in einen Steig übergeht. Durch die enge **Schlucht des Grimminggrabens** weiter auf der Ostseite des Grimmingbaches an einem großteils bewachsenen Hang bis zum **Weg 218 (Tauplitzalm – Hochmölbinghütte).** Nun nach links über den **Kühboden,** dann steil hinauf durch den **Fleischgraben** zu den Hütten auf der **Interhütten-Alm.** Nun geht es ohne nennenswerte Höhenunterschiede nach Westen über die leider verfallene **Kampalm** – der **Weg 277 zum Almkogel** zweigt vorher nach rechts (nördlich) ab (siehe Wz. 145) – zur **Leistalmhütte** (1647 m), einer SV-Hütte des ÖAV Linz. Etwa 10 Minuten nach der **Leistalm** zweigt der **Weg 216** nach links ab, er bildet die nächste **Abstiegsmöglichkeit** über **Riesnerhütte, die Scheiterstatt** und den **Tauplitzboden** zum **Sagtümpfel,** siehe auch **Wz. 138.**

Gehen wir weiter über den **Schwarzensee** und **Steirersee** bis zu den **Steirerseehütten,** zweigt vom **Weg 218** links der **Weg 275** ab und führt in scharfem Abstieg unter dem **Gsengriedl** vorbei und über die **Lunagrube** und zeitweise entlang des zum Sagtümpfel führenden Gerinnes zur **Gnanitzstraße.** Sofern Sie nicht in der Nähe Ihr Fahrzeug haben, sind Sie ab hier in etwa 30 Minuten im Ort.

147 Tauplitzalm – Leistalm – Salzsteigjoch – Hinterstoder, Weg 218/216

Klassischer Übergang auf geschichtlichem Boden

Ausgangspunkt: Parkplatz oder **Bergstation/Tauplitzhaus**
Durchschn. Gehzeit:
5 Stunden   22 Punkte
Größter Höhenunterschied gegenüber Ausgangspunkt: 1000 m

Anforderungen.: Kondition, Erfahrung, Ausdauer, Trittsicherheit, Schwindelfreiheit
Besondere Ausrüstung: gute Bergausrüstung, Verpflegung, Wetterzeug etc., ÖAV-Karte 1:25.000, 15/2

Von der **Tauplitzalm** nach **Weg 218** über die **Steirerseehütten,** den **Steirersee,** den **Schwarzensee** zur **Leistalmhütte.** Bei der **Weggabel** den **Weg 216** nach links weiter und mäßig ansteigend auf das zwischen **Gamsspitz** und **Gamsstein** liegende **Salzsteigjoch (1733 m,** Steirisch Oberösterreichische Landesgrenze). Schöner Tiefblick in das **Stodertal.** Nun geht es steil bergab über einen teilweise **mit Drahtseilen versicherten Steig,** der **Trittsicherheit** und **Schwindelfreiheit** erfordert. In einem Graben durch das **Sigistal** gelangen wir zur **Poppenalm** (verf.) und weiter abwärts über die schotterigen Ausläufer des **Poppensandes** zum **Steyr-Ursprung** und schließlich ins **Baumschlagerreit (Gh.).** Bis hierher ist der PKW-Verkehr erlaubt, man kann sich abholen lassen oder sogar autostoppen. Ansonsten entweder ca. 2 Kilometer bis zur **Bushaltestelle** am Beginn der Landesstraße nach Hinterstoder oder auf der linken Flußseite zum **Dietlgut,** nach dem Fahrweg weiter zum **Polstergut** und nach **Weg 201** über den **Schiederweiher** (auf Fotomotive achten) nach Hinterstoder.

Die **Geschichte** sagt uns, daß zur Zeit der Gegenreformation die Salzeinfuhr ins Stodertal verboten wurde, um mit diesem Druckmittel

III. Bergtouren Tauplitz-Tauplitzalm

Leistalm mit Gamsspitz.

die Bevölkerung wieder zum rechten Glauben (dem katholischen) zu bringen. Diese wiederum wußte sich zu helfen und brachte das kostbare Gut aus dem Ausseerland über jenen Gebirgssteig heran, auf dem schon die lutherischen Bibeln ins Land gekommen waren, dem heutigen „**Salzsteig**".

148 Tauplitzalm – Leistalm – Interhütten – Türkenkarscharte – Hinterstoder, Wege 218/280, Variante zur Hochmölbinghütte, Weg 218

Prächtige Höhenwanderung über Almen, 1100 m Steilabstieg mit schöner Aussicht.

Ausgangspunkt: Tauplitzalmplateau
Durchschn. Gehzeit:
6 Stunden   27 Punkte
Größter Höhenunterschied gegenüber
Ausgangspunkt: 580 m

Anforderungen: Kondition, Erfahrung, Ausdauer
Besondere Ausrüstung: gute Berg- oder Wanderausrüstung, ÖAV-Karte 1:25.000, 15/2

III. Bergtouren Tauplitz-Tauplitzalm

Von der **Tauplitzalm nach Weg 218** bis **Leistalm** siehe **Wz. 147** dann rechts weiter über **Weg 218** über **Kampalm** und **Interhütten-Alm**, durch den **Fleischgraben** steil hinunter in den **Kühboden** und am südost-seitigen Ufer des **Grimmingbaches** über den **Gaissteig** zum **Jagdhaus Hanslhütte** und auf den **Grimmingboden**.

Der Weg 218 zweigt hier rechts ab und führt in einer Gehstunde und in vielen Serpentinen über den **Sumpergraben** in die **Sumperalm** und weiter, mäßig ansteigend, zur **Hochmölbinghütte (ÖTK 1684 m)**.

Wir biegen **links** ein auf den **Weg 280** und gehen weiter im Tal des hier noch sehr kleinen **Grimmingbaches** über die **Graßeckalm** durch **Lärchenwald** auf die **Türkenkarscharte**. Steirisch-oberösterreichische **Landesgrenze**. Zwischen **Hirzeck** und **Türkenkarkopf** steigen wir hinab und gelangen weiter durch Wald zur **Bärenalm** und dann wieder in steilem Gelände über viele Serpentinen den **Bärengraben, Saugraben** und **Ahorngraben** hinunter zum **Schigebiet Schafferreit** und letztlich zum **Bärenalm-Parkplatz,** ca. 5 km südwestlich von Hinterstoder.

149 Tauplitzalm – Hochmölbinghütte (ÖTK 1684 m)

Überquerung in großartigem Almgebiet ohne besondere Schwierigkeit.

Ausgangspunkt: Tauplitzalm/Bergstation, Kirchenwirt, Tauplitzhaus	**Größter Höhenunterschied gegenüber Ausgangspunkt:** 300 m
Durchschn. Gehzeit:	**Anforderungen:** Kondition, Ausdauer
4½ Stunden 20 Punkte	**Besondere Ausrüstung:** Wanderausrüstung, ÖAV-Karte 1:25.000, 15/2 und 15/3

Wegbeschreibung wie unter **Wz. 148 bis Grimmingboden,** weiter nach **Weg 218 über Sumperalm, Wz. 148 zweiter Absatz.**

III. Bergtouren Tauplitz-Tauplitzalm

150 Auf den Grimming (2351 m), Weg 683

Klassische Bergtour auf den Hausberg der Tauplitzer, nur für absolut geübte, schwindelfreie und trittsichere Berggeher, Voraussetzung ist sicheres Schönwetter, bei Bergtouren dieser Qualifikation ist jedes kalkulierte Risiko mit Leichtsinn gleichzusetzen.

Ausgangspunkt: Klachau, Furt oder Krungl, PKW-Anfahrt bis Gh. Kulm/Stangl möglich
Durchschn. Gehzeit hin und zurück:
ca. 9 Stunden 54 Punkte

Anforderungen: Kondition, Ausdauer, Bergerfahrung, Trittsicherheit, Schwindelfreiheit
Besondere Ausrüstung: Das Beste ist gerade gut genug! Wetterschutz, Kartenmaterial Freytag & Berndt Nr. 082, 1:50.000

Bis in die Zeit **Erzherzog Johanns** herauf hielten unsere Vorfahren den mächtigen Berg für den „**mons altissimus styriae**", den höch-

Höchster Gipfel des Steirischen Salzkammergutes: der Grimming (2351 m), mit Dachstein und Hohen Tauern.

III. Bergtouren Tauplitz-Tauplitzalm

sten der Steiermark. War er doch von allen Seiten gleichermaßen mächtig, eindrucksvoll und furchterregend. Nun ist er heute auch nicht mehr der höchste der Steiermark, **der höchste Gipfel des Steirischen Salzkammergutes** ist er allemal. Gehören doch die prominentesten und höchsten Berge des Toten Gebirges – **Spitzmauer, Großer Priel, Hochmölbing** und **Warscheneck zu Oberösterreich.** Geologisch gehört unser **Grimming** zum **Dachsteinmassiv,** dessen östlichsten Ausläufer er bildet.

Anmarsch am besten nach der Straße oder über Gehöft Petz (Wz. 51 a) nach Klachau, am Bahnhof vorbei in südöstlicher Richtung nach der alten Bundesstraße bis zur Abzweigung Richtung Kulm (rechts) und weiter auf schmaler Fahrstraße bis **zur Jausenstation Kulm/Stangl.**

Der Weg bis hierher kann auch über Furt (Wz. 95) genommen werden, oder aus Richtung Bad Mitterndorf-Krungl (siehe Wz. 44 und 132). Vom Gasthaus Kulm/Stangl nach **Weg 683** mäßig steigend nach Süden durch Waldgebiet bis zum Einstieg. Dann durch leichteres, aber schon kletterbares Gelände, welches auch den Einsatz der Hände erfordert. Der Steig ins **Schartenkar** ist mit **Drahtseilen** versichert. Im Kar bildet der Weg einen Linksbogen an die östlichen Begrenzungsfelsen. Es geht in stufenartigem Fels etwa 350 Meter steil hinauf. Vorsicht, **dieser Teil ist ungesichert. Trittsicherheit** und **Schwindelfreiheit** sind gefragt! In einer engen, steilen Schlucht finden wir eine **Gedenktafel,** die an die Bergtragödie vom **20. Juni 1948** erinnert. Die Ausseer Bergrettungsmänner **Franz Meier** und **Karl Resch** kamen bei einem Rettungseinsatz in einem Schneeorkan ums Leben. Oberhalb der Schlucht haben wir bereits „Sichtkontakt" mit dem Gipfelkreuz. In einer Mulde kommen wir zur **Dr. Obersteiner-Biwakschachtel** und zu einem Hubschrauberlandeplatz.

Über einen breiten Rücken erreichen wir – weiter nach Osten aufsteigend – den Gipfel.

Ein herzliches „BERG HEIL" von Ihrer Urlaubsregion, Sie haben sich nicht zuviel vorgenommen! Seien Sie vorsichtig beim Abstieg.

III. Bergtouren Tauplitz-Tauplitzalm

151 Hochmölbinghütte – Mittermölbing – Hochmölbing (2341 m) – Brunnalm – Liezenerhütte – Hochmölbinghütte

Rundtour, Gratwanderung für Geübte, Erfahrene und Schwindelfreie.

Zusätzliche Literatur-Empfehlung für Wz. 151 bis 153:
Hugo Tannwalder – „Die schönsten Wanderungen in und um das Windischgarstnertal",
ÖAV Windischgarsten

Ausgangspunkt: Hochmölbinghütte
Durchschn. Gehzeit Rundtour:
5½-6 Stunden   30 Punkte
Größter Höhenunterschied gegenüber Ausgangspunkt: 650 m

Anforderungen: Kondition, Erfahrung, Ausdauer, Trittsicherheit, Schwindelfreiheit
Besondere Ausrüstung: beste Bergausrüstung, ÖAV-Karte 15/2 und 15/3 empfohlen

Von der **Hochmölbinghütte** ostwärts ansteigend durch Latschen nach **Weg 281** auf das **Güetenfeld** und nur leicht aufwärts an den Südwest-Fuß des **Kleinmölbing.** Auf dem leicht begehbaren **Kamm** zum **Kleinmölbing (2166 m)** und über einen Grat weiter zum **Mittermölbing (2322 m).** Nun fast eben weiter **über den Grat zum Gipfel** des **Hochmölbing (2341 m).** Bester Rundblick über das gesamte Tote Gebirge, das Dachsteinmassiv und die weite Hochfläche der Tauplitzalm.
Der **Rückweg** erfolgt über den Grat zurück zum **Mittermölbing,** dann nach **Weg 219** über einen Kamm hinab zum **Queanlstein (2064 m).** Wenig später auf steilem Felsabstieg zur **Brunnalm (1787 m)** und nun wieder nach **Weg 218** rechts weiter zunächst nach Süden, später in westlicher Richtung vorbei an den **Steinfeldböden** und an der links wegführenden Abzweigung des **Wegs 219** nach **Weißenbach,** entlang des **Goldbachls** zur **Liezenerhütte** (ÖAV/SV 1767 m). In halbstündigem, leichtem Abstieg entlang des **Schafschwemmbaches** kommen wir wieder zur **Hochmölbinghütte.**
Erweiterte Variante zu Wz. 150!

III. Bergtouren Tauplitz-Tauplitzalm

151 a Große Gipfel-Rundtour Hochmölbing – Kreuzspitz – Schrocken (2289 m) – Elmscharte – Brunnalm – Liezenerhütte – Hochmölbinghütte

Achtung: absolute Schwindelfreiheit erforderlich – nur für Geübte!

Gehzeit für die große Variante 6 – 7 Stunden, 35 Punkte. Anstiegsweg bis Hochmölbing (2314 m) siehe Wz. 151! Vom **Hochmölbing** über eine **flache Einsenkung** des Grates hinüber zum **Kreutzspitz (2333 m)** und auf dem Grat weiter leicht absteigend zum **Schrocken (2289 m)** und zur **Elmscharte (2203 m)**. Von hier steil hinunter zur **Kampleiten** und nach **Weg 285** in südlicher Richtung und leichtem Gefälle über die **große Wies'** zur **Brunnalm.** Weiterweg siehe Wz. 151, 2. Absatz.

151 b Hochmölbinghütte – Spechtenseehütte, Wege 281, 278, 279

Landschaftlich schön, Wald und Almbereich

Ausgangspunkt: Hochmölbinghütte
Durchschn. Gehzeit:
3½ Stunden   16 Punkte
Größter Höhenunterschied gegenüber Ausgangspunkt: 600 m
Anforderungen: Kondition, Ausdauer

Besondere Ausrüstung: Wanderausrüstung, Verpflegung
Empfohlener Rückweg: Weiterweg nach Weg 278, Gehöfte Gewößler, Gasteiger nach **Tauplitz,** siehe auch **Wz. 93**

Nach dem **Weg 281** zunächst in westlicher Richtung leicht ansteigend, dann nach Südosten drehend, an den westlichen Ausläufern des **Reidling** vorbei, hinab zum Lampoltersattel (Wasserscheide). Nach rechts in südwestlicher Richtung aufsteigend zur **Schneehitzalm** und wieder in leichtem Abstieg zur **Bärnfeicht'n-Alm** und **Stoiringalm.** Der **Weg 278** führt gerade weiter über die **Gehöfte Hechl, Gewößler** und **Gasteiger** nach **Tauplitz** (ca. 2½ Stunden).
Von der **Stoiringalm** nach links hinunter führt der **Weg 279** in langer Querung zum Hang und später nach einer Linkskehre über das **Gehöft Stadler** führend zur **Wörschachklammstraße,** die wir kurz in östlicher Richtung weitergehen. Achten Sie auf die rechtsseitige (südliche) Abzweigung über das **Gehöft Meßner zum Spechtensee (ÖAV-Hütte).**

III. Bergtouren Tauplitz-Tauplitzalm

Bleiben Sie höflich, wenn die Kuh vor Ihnen da war. Sie hat die älteren Rechte.

152 **Hochmölbinghütte – Linzerhaus** (1371 m) **– Pyhrnpaß,** Wege 218, 201, 289

Überquerung des östlichen Toten Gebirges, Berg- und Almregion.

Ausgangspunkt: Hochmölbinghütte
Durchschn. Gehzeit:
7½ Stunden 34 Punkte
Größter Höhenunterschied gegenüber Ausgangspunkt: 700 m

Anforderungen: Kondition, Erfahrung, Ausdauer
Besondere Ausrüstung: Wanderausrüstung, Verpflegung, Getränk, ÖAV-Karte 1:25.000, Blatt 15/2 und 15/3

Von der **Hochmölbinghütte** den **Schafschwemmbach** entlang leicht ansteigend zur **Liezenerhütte u**nd weiter nach **Weg 218** über eine Hochfläche **zur Brunnalm.** Links zweigen die **Wege 219** (Hochmölbing) **und 285** (Elmscharte) ab, der **Weg 218** führt leicht bergab durch Wald und Latschengebiet über die **Leckenböden** zur **Luckerhütte** am **Angersattel** (kein Schutzhaus, nur Notunterkunft). Wir **kreuzen**

185

III. Bergtouren Tauplitz-Tauplitzalm

hier den **Weg 217** und gehen weiter an der Südflanke des **eisernen Bergls** vorbei zur **Burgstalleralm** (verf.) und durch waldiges Gebiet mäßig bergab zum **Bschaidriedl** (Wurzersattel). Der Weg wendet sich nach Norden und führt weiter bergab. In einer Rechtsbiegung, die der Wanderer kaum merkt, treffen wir auf den von der Zellerhütte über den Toten Mann herüberkommenden **Weitwanderweg 201** und erreichen in höchstens 30 Minuten das **Linzerhaus (ÖAV) 1377 m**.
Der **Abstieg** erfolgt zunächst nach **Weg 201** über die **Wurzeralmstraße,** die Seilbahn unterquerend (die Wurzeralm ist ein sehr bekanntes Schigebiet) in einem Taleinschnitt bis auf etwa 1200 Höhenmeter hinab. Dann zweigt der Weg nach rechts ab und führt in südlicher Richtung quer zum Hang zur **Hintersteiner Alm** und in das gleichnamige **Moos** (Sumpfgebiet). Ab hier führt eine **Fahrstraße in eine Klamm** und weiter zur **Bundesstraße 138,** die wir ca. 600 Meter südlich des **Pyhrnpasses** (Steirische Seite) erreichen.

153 Hochmölbinghütte – Brunnalm – Kampleiten – Warscheneck (2388 m) – Linzerhaus
Wege 218/285/219/201

Klassische Überquerung des östlichen Toten Gebirges.

Ausgangspunkt: Hochmölbinghütte
Durchschn. Gehzeit:
8½-9 Stunden   45 Punkte
Größter Höhenunterschied gegenüber Ausgangspunkt: 700 m

Anforderungen: Kondition, Erfahrung, Ausdauer, Trittsicherheit
Besondere Ausrüstung: beste Bergausrüstung, Proviant, Wetterschutz etc., nur bei sicherem Schönwetter, ÖAV-Karte 1:25.000, 15/2 und 15/3

Obwohl schon weit außerhalb der Region Steirisches Salzkammergut gelegen, bietet sich diese klassische Überquerung in den vegetationslosen Höhen des östlichen Toten Gebirges als **würdiger Abschluß** des vorliegenden Wanderbüchleins an. Siehe auch Wz. 152.
Von der **Hütte** nach Osten über **Weg 218** zur **Liezener Hütte** und weiter zur **Brunnalm.** Hier kreuzen sich die Wege, links weg führt der **Weg 219 zum Mittermölbing,** rechts **Weg Nr. 218 zur Luckerhütte,** gera-

III. Bergtouren Tauplitz-Tauplitzalm

deaus geht es **nach Weg 285** einige hundert Höhenmeter ansteigend zur **Kampleiten,** wo wir wieder auf **Weg 219** treffen. Diesen nach Osten verfolgend, über ein Plateau „**bei den Wetterlucken**" und **südlich des Torsteins** zu einer Scharte empor – „**Zwischenwänden**". Dann steil hinauf über einen Westhang in felsigem Gelände zu einem Grat, der sich vom **Roßarsch** zum **Warscheneck** hinauf zieht. Diesen Grat in nordöstlicher Richtung weiter zum **Gipfel.** Herrlicher Rundblick über das ausgedehnte Kalkmassiv der **Warscheneckgruppe.** Der Weiterweg führt in nordöstlicher Richtung über einen breiten Rücken und dann nach **Weg 201** über die Ostflanke steil hinab und über einen flacheren Teil nördlich unter dem Gipfel des **Toten Mannes** vorbei zu den **Speikwiesen** und über einen steilen Osthang in Serpentinen hinunter auf einen Sattel, von dem es nach Süden in mäßigem Abstieg entlang der östlichen **Bergflanke,** dann wieder ziemlich steil zum **Brunnsteinersee** geht. Von hier über fast ebenes Almgelände zum **Linzerhaus.**
Abstieg zum Pyhrnpaß siehe Wz. Nr. 152.

Zur Person des Autors
ERICH GAISWINKLER

Erich Gaiswinkler, geboren 1931 in Altaussee, lernte in seiner Jugend von Almberechtigten, Bauern, Holzknechten und Jägern die Kleingeographie seiner engeren Heimat bis in die letzten Winkel kennen. Einige Jahre war er auch Hüttenwart der ÖAV-Selbstversorgerhütte in der Wildenseealm. Nach Abschluß seiner Ausbildung war er in verschiedenen Handels- und Industriebetrieben tätig, später einige Jahre in führender Position auf den Flughäfen Graz, Wien und Salzburg. Nahezu ein Vierteljahrhundert war er Kurdirektor von Bad Aussee und Geschäftsführer des regionalen Tourismusverbandes.
Er verfaßte in dieser Zeit zahlreiche touristische und volkskundliche Presseinformationen und brachte schon 1973 einen „Wanderführer Steirisches Salzkammergut" heraus. Hobbies und Neigungen sind Volkskultur, Fotografie, Lokalgeschichte, Lesen, die er mit seiner Frau Monika teilt. Wandern und Bergsteigen gehören nach wie vor zu den Hauptinteressen.

Verehrter Leser, lieber Gast!

Es hat Ihnen doch sicher gut gefallen **im Steirischen Salzkammergut** – der Mitte Österreichs – mit seiner reizvollen Umgebung, seiner kulturellen Eigenständigkeit und seinen geradlinigen Menschen.

Wenn Sie das Bedürfnis haben, noch mehr darüber zu erfahren, eine bleibende Erinnerung mitzunehmen oder einfach einen lieben Menschen zu beschenken, dürfen wir Ihnen aus einer Vielzahl von Angeboten noch drei wertvolle Bücher empfehlen:

Gertrude Reinisch
Alois und Erwin Pürcher

Erlebnis Salzkammergut

Mit den schönsten
Wanderungen und Touren

Mit einem Vorwort von Heinrich Harrer

168 Seiten, 110 Farbabbildungen,
60 Skizzen,
Leinen mit Schutzumschlag,
Format 21,5 x 27,5 cm,
mit herausnehmbarem Tourenheft
im Format 11,5 x 16,5 cm
öS 490,- / DM 69,-
ISBN 3-222-12123-0
Verlag Styria

HERBERT PIRKER

DIE MITTE ÖSTERREICHS

STEIRISCHES SALZKAMMERGUT

Selbstverlag Herbert Pirker

Jost-Druck Liezen

ISBN 3-7020-0681-8

Hilde und Willi Senft

Wandern im Salzkammergut

Blumenwege und Felsenpfade rund ums Ausseer Land

300 Seiten, 28 Farbbildseiten, zahlreiche Abbildungen und Wanderskizzen im Text, fünffarbiger cellophanierter Schutzumschlag. Ln. Preis: öS 358,- / DM 49,80 / sfr 51,20
Zu beziehen überall wo es Bücher gibt oder bei Bücherquelle, Buchhandlungs-GesmbH., Hofgasse 5, A-8011 Graz, Tel. 0316/821636.

Alphabetisches Stichwortverzeichnis Ortsweiser

Orts- und Flurnamen, Wanderziele, Jausenstationen, Schutzhütten, Fremdenverkehrseinrichtungen etc.

Name/Bezeichnung	Wanderziel Nr.	Seite im Wanderführer	Plan-Quadrat i. d. Karte Seite I	Seite II
Abblasbühel	104, 119 c	129, 157	t 2	
Abrahamhalt	130	165		Hi 4
Ahornkogel (1687 m)	100	121	k 8	
Almkogel (2121 m)	145	176		V 0
Almwirt, Gh.	68, 84, 110 a	98, 110, 140		A 2
Alpenbad/Freizeitzentrum Tauplitz	50	81		Q 6
Alpencottage	20	56	e 11	
Alpengarten	10, 66, 67	46, 93, 97	e 10	
Altaussee	1-13, 58-65 u. 100-109	30-47, 86-92 u. 121-139	e/h 7-9	
Altausseer See	1, 6, 106	30, 38, 136	f-i 7-8	
Almbergloch	118, 118 a	149, 151	n 6	
Albrechthütte, Jagdhaus	129 b	164		K 2
Anger	68, 84	98, 110	k 11	
Forsthaus Angern	89, 129 a, 129 b	112, 162, 164		K 6
Appelhaus (1638 m)	100, 104, 106 118, 118 a, 119	121, 129, 136 149, 151, 153	o 2	
Archkogel	25	60	l 10	
Arnethweg VIA ARTIS	5, 6	37, 38	f-g 7	
Arzleiten	4	36	f/g 8	
Åstersee (fälschlich Ostersee)	1	30	i 6-7	
Atterkogel	102	125	h 5	
Augstwiesensee	104, 106	129, 136	l 3/4	
Austube, Jagdhaus	125	160		C 8
Au (auf der A.)	25	60	m-n 10	
Augstalm	102	125	g 6	
Augstsee (1643 m)	102	125	h 5	
Augstwiesenalm	104, 106, 106 a, 118	129,136, 138, 149	m 3	
Austeg (1415 m)	20	56	e 12	
Bachmühle Gh.	8, 70, 70 a	42, 100, 103	d 9	
Backenstein (1772 m)	118 a	151	o 6	
Bad Aussee	14-24, 66-73, 110-116	48-59, 93-103, 140-145	d-i 10-12	

Anmerkung: Kartenseite I. Pötschenpaß – Toplitzsee   Planquadrate mit Kleinbuchstaben
Kartenseite II Ödensee – Tauplitzalm   Planquadrate mit Großbuchstaben

Name/Bezeichnung	Wanderziel Nr.	Seite im Wanderführer	Plan-Quadrat i. d. Karte Seite I	Plan-Quadrat i. d. Karte Seite II
Bad Mitterndorf	42-48, 88-92, 129-136	75-80, 112-115, 159-166		G/N 3-11
Baderbauer, Gehöft			g 10	
Bahnhof: Bad Aussee	20	56	g 12	
Kainisch	34, 67, 68	69, 97, 98		C 6
Bad Mitterndorf Hst. ⎫	42, 131	75, 165		I 8
Bad Mitterndorf Bhf. ⎭				K/L 8
Tauplitz	51, 95, 132, 150	82, 119, 166, 181		P 8
Lessern	94	118		S 8
Pürgg	—	—		TU 10
Stainach	—	—		X 10
Bärenfeuchtmölbing (1770 m)	151 b	184		Y 4
Bärenfeuchtnalm (1474 m)	151 b	184		Y 5
Beck-Brücke (Feldzeugmeister B.)	20	56	g 12	
Baumann-Weg, ⎫ Alexander-B. ⎭	28	65	r 8	
Bergeralm	137 a	169		N 6
Bergkirche Tauplitz	137, 138	168, 170		P 3
Bergstation Tauplitz	138, 147, 149	170, 178, 180		OP 3
Blaa-Alm, Gh. (894 m)	7, 61	39, 90	e 4	
Blutschwitz	18, 18 a	53, 55	g 11	
Brahmsweg, Johannes-B.	1	30	f 8	
Brandanger	93	116		U 9
Brandauer-Promenade, Klaus-Maria-Br.	2, 16	34, 51	f 8-g 11	
Bräuhof	26	61	l/n 8-9	
Bräuningalm (1607 m)	103	128	i 4	
Bräuningzinken (1899 m)	103	128	h 4	
Brehmweg, Bruno Br.			f 8	
Breitwiesen-Alm (1619 m)	118, 118 a	149, 151	p 3	
Brenner-Lacke (Feriensiedlung Mayerl)	—	—	f 10	
Brentenmöser	129, 129 a, 129 b, 137, 137 a	162, 164, 168, 169		O 5
Brunnalm (1787 m)	151, 152, 153	183, 185, 186	ÖAV 15/3	
Brunnsteiner-See	153	186	ÖAV 15/3	
Brunnwiesenalm (1581 m)	118, 118 a	149, 151	o 3	
Bundesschulzentrum B.A.			g 12	
Café Egger, Bad Mitterndorf	—	—		I 7/8
Café Fischer, Altaussee	7	39	f 8	
Café Lewandofsky	14, 15, 17, 19, 20, 21	48, 49, 52, 55, 56, 58	g 11	

191

Name/Bezeichnung	Wanderziel Nr.	Seite im Wanderführer	Plan-Quadrat i. d. Karte Seite I	Seite II
Café Steirerhof	2, 16	34, 51	g 11	
Café Pub	20	56	g 12	
Café Widleithe	16, 19	51, 55	g 11	
Cordignano-Museum	66	93, 57	f 11	
Dachsteinblick	4, 75	36, 104	g 9	
Dachsteinblick, Gh.	93	116		S/T 8
Donisbrücke (Augstbach)	60, 61	88, 90	f 7	
Dorfkirche Gößl	26, 27, 28	61, 62, 65	q 8	
Drausengatterl (1380 m)	119	153	s 5	
Drei Brüder Kg. (1924 m)	120	157	r 4	
Dreibrüdersee (1643 m)	120	157	s 3	
Duckbauer, Gehöft	44 a	78		L 10
Egg, auf dem E.	—	—	e 10/11	
Eisbichl, Grundlsee	—	—	k 9	
Eisengraben, Ausseer	110, 117 a	140, 148	o 12	
Eisengraben, Hinterberger	117 b, 124	148, 159		FG 3
Eiserner Steg	14	48	h 10	
Eislochkogel	113	144	südwestl. Zinken	
Elm	119 a	155	v 4	
Elmgrube (1622 m)	104, 119, 119 c	129, 153, 157	t/u 3	
Elmscharte (2203 m)	151 a	184	Hochmölbinggebiet	
Elmsee (1620 m)	104, 119, 119 c	129, 153, 157	v 2-3	
Emil's Tränenhügel	119	153	u 3	
Engl, Gehöft	9	44	e 10	
Erbstollen, Altaussee	60	88	f 8	
Ernst, Gehöft	93, 140, 141	116,172, 173		U 7
Ernsthalt, Weidefl.	129, 129 a	162		M 6
Erzherzog-Johann-Gedenkstein	27, 28	62, 65	r/s 8	
Erzherzog-Johann-Denkmal, Kurpark	14, 15, 17, 19, 20, 21	48, 49, 52, 55, 56, 58	g 11	
Eselsbach	67	97	h 12	
Evang. Kirche	20	56	h 12	
E-Werkbrücke	20	56	g/h 11	
E-Werksteg	20	56	g/h 11	
Eybner-Promenade, Richard E.	14, 30	48, 67	h 10-11	
Ferdinandsberg/Via Salis	59	87	d 6	
Feuertalberg (2317 m)	104, 119	129, 153	WW 201 ÖAV 15/2	
Fischerndorf	1, 5, 6	30, 37, 38	f-h 7-8	
Fischersteg	14	48	k 10	
Fischrestaurant Syen, Gh.	27, 28	62, 65	s 7	

192

Name/Bezeichnung	Wanderziel Nr.	Seite im Wanderführer	Plan-Quadrat i. d. Karte Seite I	Seite II
Fludergraben	61	90	d 4	
Flugplatz (Landewiese)	15, 30	49, 67	i 10	
Fraungruberweg, Johann Fr.	89, 89 a	112, 115		i 5-6
Freizeitzentrum Gößl	25, 29, 78, 89 a	60, 66, 107, 115	q 8	
Freizeitzentrum Tauplitz	50, 138	81, 170		Q 6
Fuchsbauer, ehem. Café u. Gh.	10	46	e 9	
Fürstenstand	27, 28	62, 65	s 8	
Fußballplatz Altaussee	5, 7	37, 39	f 8	
Bad Aussee	20	56	g 12	
Tauplitz	93, 140, 141	116, 172, 173		Q 7
Gaisknechtstein	nahe 106	136	i 6	
Gaiswinkel	26, 118	61, 149	n 8	
Gallhof	15, 30	49, 67	k 10-11	
Gambsen-Steg	17, 17 a	52, 53	g/h 11	
Gambsen-Stiege	17, 17 a	52, 53	h 11	
Gamitz-Höhe	68, 84	98, 110		B 5
Gasteig	15	49	h 11	
Gasteiger, Gehöft	93, 140, 141	116, 172, 173		R 7
Geiernest (Quelle)	104, 119, 119 a, 119 b	129, 153, 155, 156	w 2	
Gendarmerie Bad Aussee	2, 16	34, 51	g 11	
Bad Mitterndorf	42	75		K 8
Tauplitz	—	—		Q 8
Gewessler, Gehöft	93, 140, 141	116, 172, 173		S 7
Gindl, Gehöft	93, 94	116, 118		S 8
Gletscherblick, Feriensiedlung	66	93	f 10	
Gnanitz-Alm	97	120		VW 4
Goseritz-Alm (1585 m)	131	165		D 11
Gößl	25-29, 89, 139	60-66, 112, 171	q-r 8	
Gößler Alm	120	157	r 5	
Gößler Wand	27-28	62-65	r-s 7	
Gößler Wiesen	29	66	r 8-9	
Graben	44 a	78		M 9
Gradieranlage A.A.	1, 2, 3, 4, 5	30, 34, 35, 36, 37	f 8	
Grasnerhalt, Tauplitzstr.	—	—		L 6
Gratschner	69	99	h/i 9	
Graswand	120	157	s 4	
Greimel, Gehöft, Wildgehege, Wörschachklammstr.	151 b	184		Y 6
Greimuth	nahe 102	125	g 4	

Name/Bezeichnung	Wanderziel Nr.	Seite im Wanderführer	Plan-Quadrat i. d. Karte Seite I	Seite II
Gretlhütte (989 m), Jagdhaus	97, 146	120, 177		S/T 5
Grill-Hansl, Gehöft, bei Feriensiedlung Mayerl	66 a	96	f 10	
Grill-Hias, Gehöft	20	56	f 11	
Grimmingbach	97, 146	120, 177	ZO - Q 8 - V 11	
Grimmingbach-Wasserfall	49	81		R 5
Grimming Biwakschachtel und Gipfel (2351 m)	132, 150	166, 181		Q 11
Grimminghütte (966 m)	—	—		S 12
Grimminghalle				K 8
Bad Mitterndorf Ortsmitte	44 a	78		
Grubegg, Schloß, Ortsteil	42	75		i 9
Gruabn, Grubenstraße	84	110	k-l 10-11	
Grundlsee	25-33, 74-81, 117-123	60-68, 104-108, 147-158	l-q 8-10	
Gschlößl	68, 84, 110	98, 110, 140	l 13	
Gschwand-Alm (1492 m)	—	—	g 4	
Gsollberg gr. (1881 m)	—	—	n 4-5	
Gsprang-Alm, Anstieg Zinken über Ödensee	113	144	FB, WK 281	
Gwendling (1645 m)	140	172		S 6
Hahnler-Alm, Weg 696 Zinken	113	144	FB, WK 281	
Hansl-Hütte	148, 149	179, 180		X/Y 1
Hechl, Gehöft	93, 140, 141	116, 172, 173		T 7
Hechlstein	141	173		U 5-6
Henar-Alm	118	149	o 2	
Henarwald	104, 106, 118	129, 136, 149	n/o 1-2	
Helmbichler, Gehöft	9, 10, 66	44, 46, 93	d 10	
Himmelbauer, Gehöft	129	162		M 7
Himmelkar	—		m/n 1	
Himmelsleiter	18	53	g 11	
Hintenkogel	15, 30	49, 67	i 11	
Hochanger (1836 m)	102	125	g 5	
Hochbrett/ Hochkogel (2091 m)	Nähe 119, 120	153, 157	u 1/2	
Hochklopf-Sattel (1498 m)	106, 118	136, 149	l 4	
Hochmölbing (2341 m)	151	183	ÖAV-Karte 15/2	
Hochmölbinghütte (1684 m)	149, 151, 153	180, 183, 184, 186	ÖAV-Karte 15/2	
Hochmühleck (1731 m)	131	165		D 12
Hofhausbrücke A.A.	5, 7	37, 39	f 8	
Hofmann, Gh.	25, 26, 27, 28	60, 61, 62, 65	q 8	

Name/Bezeichnung	Wanderziel Nr.	Seite im Wanderführer	Plan-Quadrat i. d. Karte Seite I	Plan-Quadrat i. d. Karte Seite II
Hoisbauer, Gehöft	44	77		M 9
Höllwieser (1861 m)	—		I 6	
Ilsehütte	—			X 3
Interhütten (1702 m)	146, 148	177, 179		W 1/2
Jagdhof Hübler, Hotel	129 a	162		L 8
Jagdhof Losermaut Rest.	7	39	d 5	
Johannes-Kapelle, Pürgg	93, 94	116, 118		U 10
Johns, Gehöft	67	97	h 12	
Jugendherberge B.A.	19	55	g 11	
Jungfraunsturz	93	116		T 9
Kaffeehäferl	75	104	i 9	
Kainisch	34-41, 82-87, 124-128	69-74, 109-111, 159-161		B/E 5-7
Kainischwirt	124, 124 a	159, 160		C 5
Kaiser Franz I.-Berg, VIA-SALIS	59	87	d 6	
Kalßneck	1, 6	30, 38	g 7	
Kalter See	34, 67, 68	69, 97, 98		B 6
Kammersee	27, 28	62, 65	t/u 7	
Kampl (1685 m)	110, 117 b, 124, 124 a, 130	140, 148, 159, 160, 165		E 4
Karstquellen Strumern	35	70		D 7
Kegelbahn Bad Aussee	20	56	g 12	
B.-Mittdf. Grimmingh.	44 a	78		K 8
Tauplitz	51, 51 a	82		Q 7
Kesselgrube Bushaltest.	10	46	f 8	
Kesselkar-Stiege	—		r 3	
Kienzel-Plateau Wilhelm.-K.-	20	56	f 11	
Kienzel-Stöckl bei Hotel Wasnerin	20	56	f 11	
Kirchen:				
St. Ägyd, Pfarrkirche A.A.	1	30	f 7	
St. Paul, Pfarrkirche B.A.	14, 15, 17	48, 49, 52	h 11	
Hl. Geist, Spitalkirche B.A.	14, 15, 17, 30, 31	48, 49, 52, 67, 68	h 12	
Evang. Kirche B.A.	20	56	h 12	
St. Leonhard, alte Fuhrleutkirche B.A.	17, 68, 84	52, 98, 110	i 11	
Pfarrkirche Grundlsee, Herz-Jesu	26	61	l/m 9	
Dorfkirche Gößl (Eigentum der Dorfgemeinschaft)	25-28	60-66	q 8	

Name/Bezeichnung	Wanderziel Nr.	Seite im Wanderführer	Plan-Quadrat i. d. Karte Seite I	Seite II
Maria Kumitz, Obersdf.	38, 45	72, 79		F 6
Pfarrkirche Bad Mitterndorf				K 8
z. Hl. Margaretha	42-44	75-78		
Pfarrkirche Tauplitz	49-53	81-84		Q 7
Bergkirche Tauplitzalm	138-144	170-176		P 3
Kirchenwirt Tauplitz	129, 143-149	162, 174-180		P 3
Klausgrabenbrücke	43	76		K 12
Kleinmölbing (2166 m)	151	183	ÖAV-Karte 15/2	
Knödlalm	—			H 8
Knodn, Gehöft	20	56	d 12	
Knoppen	37, 82	71, 109		E 6
Knoppen-Berg	124, 124 a	159, 160		E 6
Knoppen-Moos (Knoppler-M.)	37	71		E 7
Kochalm, Gh.	78, 89, 89 a, 129, 137	107, 112, 115, 162, 168		J 3
Kohlröserlhütte, Gh.	34, 67, 68	69, 97, 98		A 7
Koppenstraße Bad Aussee-Obertraun	113	144	a-g 12-13	
Kraglgut	42	75		H 10
Krallersee	54	84		N 3
Krautmoos	89, 130	112, 165		H 5
Kreuz, am Grundlsee	26	61	o 8	
Kreuzangerweg	17, 68	52, 98	h-i 11	
Kreuzrücken, am Salza-Stausee	43	76		K 13
Kreuzspitz (2333 m)	151 a	184	ÖAV-Karte 15/2	
Kriechbaumberg-Stollen VIA SALIS	59	87	d 6	
Krungl	44, 44 a, 53	77, 78, 84		M-N 8
Kulmbauer, Gehöft	44, 95	77, 119		O 9
Kulm-Flugschanze	44, 95	77, 119		O 8-9
Kulmkogel (1123 m)				P 9
Kulm/Stangl, Jausenstation	44, 95	77, 119		P 9
Kumitzberg, Maria Kumitz	38, 45	72, 79		F 6
Kurpark-Steg	20	56	g 11	
Kurzentrum Bad Aussee	18, 18 a	53, 55	g 11	
Kurzentrum Bad-Heilbrunn	42, 42 a, 44 a, 82	75, 76, 78, 109		J/K 10
Laasenweg	82	109		G-H 6-7
Lacken, Jagdhütte (1546 m)	—		w/x 5-6	
Ladner, Gh.	26, 76	61, 105	p 8	
Lahngangsee vord. (1494 m)	118, 119, 119 c	149, 153, 157	s-t 4	

Name/Bezeichnung	Wanderziel Nr.	Seite im Wanderführer	Plan-Quadrat i. d. Karte Seite I	Seite II
Lahngangsee hint.	118, 119, 119 c	149, 153, 157	t 4	
Laimer, Gehöft (Kühberger)	20	56	e 11	
Lambacherhütte (1443 m)	101	123	ÖAV-Karte 15/1 WW 201	
Landeskrankenhaus	18	53	h 11	
Langmoos-Alm	110, 110 a, 124, 124 a	140, 159, 160		D 3
Lärchkogel	138-144	170-176		O 3
Lawinenstein (Loweana, 1965 m)	129 a, 142	162, 174		L 3
Lechthütte A.A.	1	30	i 7	
Lederer-Alm (verf.)	88	112		L 6
Leinsteg	93, 140, 141	116, 172, 173		R 6
Leislingstraße	59, 60, 70	87, 88, 100	a 8/9 - b 8	
Leistalm (1647 m)	145, 146-148	176-180		T 2
Leistensee (1122 m)	—			VW 8
Lenau-Hügel, Nikolaus-L. (VIA ARTIS)	21	58	e 10	
Lerchenreith	20	56	e-f 10-12	
Lessern	94	118		R/S 8/9
Lexn, Gehöft	66	93	f 11	
Lichtersberg	8, 10	42, 46	d-e 8-9	
Lieglloch-Höhle Tauplitz	96	119		P 6
Liezener Hütte (1767 m)	151, 152, 153	183, 185, 186	ÖAV-Karte 15/3	
Lindlbauer, Gh. am See	14, 15, 26	48, 49, 61	l 9	
Linzerhaus (1371 m)	152, 153	185, 186	ÖAV-Karte 15/3	
Literatur-Museum	59, 60, 70	87, 88, 100, 101	d 6	
Loser (1838 m)	102	125	f 5	
Loser-Bergestaurant (1600 m)	102-104, 118, 119	125-129, 149, 153	h 5	
Loserboden	102	125	g 5	
Loserhütte (1545 m)	102, 104, 118, 119	125, 129, 149, 153	g 6	
Lupitsch	10, 70, 70 a	46, 100, 103	b-d 8-9	
Lupitscher Klaus'	10	46	e 9	
Lurger, Gehöft	93, 140, 141	116, 172, 173		R 7
Märchensee	54, 129 b, 139 a	84, 164, 171		O 2
Maria Kumitz, Wallfahrtskirche	38, 45	72, 79		F 6
Mautbrücke (Erzherzog Johannbrücke) B.A.	14, 15, 17, 30, 31	48, 49, 52, 67, 68	h 11	
Mautner-Gedenkstein, Konrad-M.	27, 28	62, 65	r 7	
Mayerl-Feriensiedlung	—	—	f 10	

Name/Bezeichnung	Wanderziel Nr.	Seite im Wanderführer	Plan-Quadrat i. d. Karte Seite I	Seite II
Metro-Ferienclub Grdls.	25	60	I 10	
Mittermölbing (2322 m)	151	183	ÖAV-Karte 15/2	
Moier, Gehöft	93, 151 b	116, 184		W 6
Moos, im M., A.A.	7	39	e 6	
Moosberg VIA SALIS	59, 60, 70	87, 88, 100	c 7	
Moser, Gehöft	67	97	h 12	
Mosern, Grdls.	58, 75	86, 104	i 10	
Möser	4	36	f 9	
Mühlegger, Gehöft	44 a	78		K 9
Mühlreith	35, 36	70		D 7
Muß, Gh. Knoppen	124 a	160		E 6
Neef, Gehöft	52	83		P/Q 5
Neuhofen, Bad Mitternd.	42	75		J 8
Neustein (1870 m)	119	153	t 4	
Niederhofen	—			X 9
Nojer (1492 m)	—			W/X 8
Obermayer-Feriensiedlung	—		g 11	
Obersdorf B.Mitterndorf	38, 45	72, 79		F-G 6
Oberwasser-Alm (1182 m)	106	136	k 5	
Obertressen	18, 18 a, 58	53, 55, 86	g-h 10	
Ödensee	34, 67, 68	69, 97, 98		A 7
Ödenseer Moor	34	69		B 6-7
Ödenseer Traun	34	69	g/h 12-13	A/B 5-7
Ödernalm (1214 m)	78, 89 a, 129 b	107, 115, 164		O 1-2
Öderntörl (1580 m)	129 b, 139	164, 171		O 2
Passegger, Gehöft	88	112		K 7
Pehrer, Gehöft	67	97	h 12	
Perreither, Gehöft	—			T 8
Petz, Gehöft	51 a	82		Q 8
Pfarrkirche Bad Mitterndorf	42-44	75-77		K 8
Pfarrkirche Grundlsee	26	61	l/m 9	
Pfarrkirche St. Andrä A.A.	1	30	f 7	
Pfarrkirche St. Paul B.A.	14, 15, 17	48, 49, 52	h 11	
Pfarrkirche Tauplitz	49-53	81-84		Q 7
Pflindsberg, Ruine	62, 70, 70 a	91, 100, 103	d 8	
Pichl-Kainisch	34-41, 82-87, 124-128	69-74, 109-111, 159-161		C-E 5-7
Pichler, Gehöft, Tauplitz	—			R/S 8
Pichler-Brücke Straßenüberführung	35	70		D 6
Pichler Moos	35	70		C/D 6
Pichlmayerhalt (Weide)	89, 89 a	112, 115		H 4
Planer-Alm, Weg z. Zinken	113	144	FB, WK 281	

Name/Bezeichnung	Wanderziel Nr.	Seite im Wanderführer	Plan-Quadrat i. d. Karte Seite I	Seite II
Plankerau-Alm (1380 m)	—		v 9-10	
Plattenkogel (833 m)	3, 58, 75	35, 86, 104	g 9	
Pollmann, Gehöft	—			T 7
Poppn/Pressl, Gehöft ehem. Gh.	66	93	f 10	
Poserer, Geh.	93 a, 94	117, 118		S 9
Postbrücke B.A.	19, 20	55, 56	g 11	
Pötschenwald	—			H 8
Pötschlacke	146, 148	177, 179		V 2
Praunfalk	18 a	55	g 10	
Prietal	88	112		L 7
Prinzensitz	27, 28	62, 65	s 8	
Puchen, A.A.			e/f 8-9	
Pühringerhütte (1637 m)	104, 119, 119 a, b, c	129, 155, 156, 157	v 2	
Pürgg	93, 94	116, 118		TU 10
Pyhrnpaß	153	186	ÖAV-Karte 15/3	
Quendling	140	172		S 6
Hoher Radling (1398 m)	—	—	k 13	
Radlingpaß (853 m)	68, 84, 110 a	98, 110, 140		B 4
Ramgut, Schloß R.	18	53	g/h 10	
Ramsanger Jgdh. (1328 m)	129 a, 129 b, 137	162, 164, 168		L 4
Ranftl-Mühle	28	65	r 8	
Rebenburg-Promenade	14, 30, 74	49, 67, 104	l 10	
Rechenplatz Öderntal	89 a, 129, 129 b, 137	115, 162, 164, 168		K/L 1
Redender Stein (1900 m)	118	149	p 2	
Reichenstein (1913 m)	76	105	p 5	
Reitern	20, 21, 66	56, 58, 93	f 10	
Reiterer-Brücke	16, 66, 66 a	51, 93, 96	g 11	
Reith, Altaussee	—		e 8	
Reith, Bad Aussee, alte Salzstr.	14, 15, 30	48, 49, 67	h/i 11	
Reith, Hinterberger, Bad Mitterndorf	45, 130	79, 165		i 7
Reithartlkogel (1051 m)	89, 89 a	112, 115		i 5
Reitschule Bad Mitterndorf	—	—		H 7
Renner	104, 106	129, 136	i 3	
Reitschule Grundlsee	25	60	l 10	
Ressen (1303 m)	25	60	o 9	
Rettenbach-Alm, Ausseer	61	90	e 4	
Rettenbach-Alm, Ischler	61	90	c 2	

199

Name/Bezeichnung	Wanderziel Nr.	Seite im Wandorführor	Plan-Quadrat i. d. Karte Scitc I	Seite II
Riebeisen, Weg z.Trisselwd.	100	121	k 8	
Riebeisen Weg z. Hochmühleck	131	165		D 11-12
Riedlbachhalt	36	70		E 8
Riedlbachklause	36	70		E 8
Riedlbach-Traun	36, 83	70, 110		C-E 7-8
Rieshöhe (1604 m)	138	170		S 3
Rigips-Industriegelände	67	97	h 12	
Rödschitz	45	79		H 7
Roffel	106	136	k 4	
Rostiger Anker, Gh.	25, 26, 78, 89, 139	60, 61, 107, 112, 171	q 8	
Roßhütten, Roßhüttental	129, 137 a	162, 169		N/ O 3-4
Roßkogel (1890 m)	—	—		TU 3
Rößlern	26	61	m 8	
Rotes Kreuz B.A.	20	56	g 11	
Rotgschirr (2270 m)	119 b	155	ÖAV-Karte 15/2	
Rötelstein (1614 m)	110, 110 a, 117 a, 124	140, 148, 159	m 13	C 3
Rotkogelsattel (2000 m)	104, 118, 119	129, 149, 153	ÖAV-Karte 15/2	
Saline, Industriegelände	—		g 12	
Salza-Alm	—		u 9	
Salzabach, B.Mitterndorf	42-43, 89, 89 a	75-77, 112, 115		I/K 1-10
Salza-Stausee, B.Mitternd.	42, 43	75, 76		I/L 10-13
Salzofen (2070 m)	119 c, 120	157	t 3	
Salzsteigjoch (1733 m)	147	178		U 1
Salzstraße, alte S.	68, 84	98, 110	h/I 11-13	A/C 2-5
St. Leonhardkirche	68, 84	98, 110	i 11	
St. Leonhard-Siedlung Feriendorf	68, 84	98, 110	i 11	
Sandlingberg (VIA SALIS)	59	87	d 7	
Sandling (1717 m)	101	123	b 6	
Sarstein, Hoher S. (1975 m)	112	142	a 12	
Sarstein, Niederer S. (1877 m)	112	142	b 11	
Sarsteinblick, Gh.	60, 70, 70 a	88, 100, 103	c 8	
Sarstein, Ortsbezirk	20	56	d-e 11-12	
Schachen	119, 120	153, 157	p/q 7-8	
Schartenspitze (2328 m), Grimming	150	181		P 12
Scheibstollen, VIA SALIS	59	87	e 6	
Scheichlmühle, Gh.	4	36	f 8	
Schießstätte, Gh.	62, 70, 70 a	91, 100, 103	e 8	

Name/Bezeichnung	Wanderziel Nr.	Seite im Wanderführer	Plan-Quadrat i. d. Karte Seite I	Seite II
Schießstätte Eselsbach	67	97	h 12	
Schießstätte Unterkainisch	—		h 13	
Schiffsanlegestellen:				
Altaussee	1	30	f 8, h 7, g 8	
Grundlsee	25, 26	60, 61	l 9, m 9, q 8	
Schindergraben	20	56	g 11	
Schloßwiese, Pflindsbg.	62, 70, 70 a	91, 100, 103	d 8	
Schmiedgut	21, 66, 66 a	58, 93, 96	f 10	
Schneckenalm (1152 m)	78, 89, 139	107, 112, 171	s 11	l 1
Schneiderkogel (1767 m)	54	84		O 2
(Abstecher zu Wz. 54)				
Schnittlauchmoos	54	84		O 3
Schoberwiesen-Alm (1704 m)	100	121	l 7	
Schoissenkar	—	—	m/n 1	
Schönberg (2093 m)	105, 106	133, 136	ÖAV-Karte 15/1 FB 281	
Schottauer, Gehöft, Egg	—	—	e 10/11	
Schraml, Gh.	118, 118 a	149, 151	m 9	
Schreiberin-Alm	125	160		C 10
Schrocken (2289 m)	151 a	184	ÖAV-Karte 15/3	
Schrödis	51, 51 a, 51 b,	82, 83		P/Q 8
Schwaiber-Alm	120	157	q 7	
Schwarzenberg-Alm (1350 m)	105	133	e/f 1 u. ÖAV-Karte 15/1	
Schwarzensee (1549 m)	146, 147, 148	177, 178, 179		S/T 2-3
Schwarzmooskogl (1904 m)	—	—	k 2/3	
Seeklaus-Brücke Altaussee	1, 3, 4, 58	30, 35, 36, 86	f 8	
Seeklaus-Brücke Grundlsee	25, 30, 74	60, 67, 104	l 10	
Seewiese A.A.	1, 106	30, 136	h/i 7	
Seidenhof-Alm	124, 124 a	159, 160		E 4
Sender, Sendemast Furt	95, 137 a	119, 169		O 7
Sender, Eckwald	131	165		F 8
Sill-Alm, Weg z. Zinken	113	144	FB, WK 281	
Simony-Aussicht, Sarstein	112	142	FB, WK 281	
Simonywarte (1228 m)	88	112		K 7
Sixtleite	19	55	g 11	
Sommersberg-See (856 m)	9, 10, 66	44, 46, 93	d 10	
Sommersberger, Gehöft	9, 10, 66	44, 46, 93	d 10	
Sonnenalm, Feriensiedlg.	45	79		H 6
Sonnenhang, Feriensiedlg.	—	—	g 10-11	
Spechtensee (1051 m)	93, 93 a, 151 b	116, 117, 184		W 7

201

Name/Bezeichnung	Wanderziel Nr.	Seite im Wanderführer	Plan-Quadrat i. d. Karte Seite I	Seite II
Spitalkirche, Hl. Geist	14, 15, 17, 30, 31	48, 49, 52, 67, 68	h 11	
Sporthotel Hechl Tauplitz	49-53	81-84		Q 7
Sportplatz Bad Aussee	—	—	g 12	
Sportplatz Tauplitz	—	—		Q 7
Sportzentrum Hohe Zlaim Grundlsee und Reitschule	25	60	l 10	
Sportzentrum, Pichl Kinderspielpl.	—	—		C 6
Sulzstubenbrücke	2	34	f/g 10	
Sumpereck (1913 m)				Y 1
Syen/Frosch, Weißenbach Gehöft (916 m)	74, 110	104, 140	m 12	
Stadler, Gehöft	93, 151 b	116, 184		W 6
Stangl, Gehöft	20	56	e 11	
Stapfl, Gehöft	—	—	d 11	
Stapfner, Gehöft	—	—		L 9
Staudenwirt, Gh. Camping	—	—	k 10	
Steinberg, VIA SALIS Schaubergwerk (942 m)	59	87	d 6	
Steinitzen-Alm	83	110		F 9
Steinwand A.A.	1	30	h 7	
Steirersee (1445 m)	138, 146-148	170, 177-179		R 3
Steirersee-Hütte	138, 146-148	170, 177-179		Q 3
Sterngassl	138, 146-148	170, 177-179		Q/R 3
Stieger Gh.	18, 18 a	53, 55	g 10	
Stieger-Anger	36	70		D 7
Stimitzbach	29	66	r 8	
Stöger-Steig, Karl St.	104	129	h 5 - l 4	
Stoiring-Alm (1430 m)	151 b	184		X 5
Strandcafé A.A.	1, 3, 58, 75	30, 35, 86, 104	g 8	
Straßen, alte Salzstraße	68, 84, 110 a	98, 110, 140	h/l 11-13	
Strumern, Karstquellen	35	70		D 7
Stummern-Alm (811 m)	106	136	i 5/6	
Sturzhahn (2028 m)	—	Bild 175		Q 2
Tal-Alm (1459 m)	124, 124 a	159, 160		D 4
Talstation, Tpl. Seilbahn	49, 137	81, 168		Q 7
Tannenwirt, Gh.	9, 10, 66, 66 a	44, 46, 93, 96	e 10	
Tauplitzsee	54	84		P 3
Tauscherin, Aussichtspl.	17 a	53	h 11	
Tauscherinweg	17 a	53	h 11	
Teichwirt, Gh.	20, 66	56, 93	f 11	
Teltschn-Alm Ausseer	74, 110	104, 140	o 12	E 3
Teltschn-Alm Hinterberger	74, 124	104, 159	p 12	F 3
Temelberg (2327 m)	nahe 104, 119	129, 153	ÖAV-Karte 15 WW 201	

Name/Bezeichnung	Wanderziel Nr.	Seite im Wanderführer	Plan-Quadrat i. d. Karte Seite I	Seite II
Tennisanlagen Altaussee	1	30	f 8	
Bad Aussee	2, 16	34, 51	g 11	
Bad Mitterndorf	—	—		i/K 8
Gößl	27	62	r 7/8	
Grundlsee/Zlaim	25	60	l 10	
Pichl-Kainisch	—	—		C 6
Tauplitz	50	81		Q 6
Tepidarium, Laubad	—	161		D 7
Thoman, Gehöft	88	112		L 7
Thörl, Ortsbez. B.M.	—	—		K/L 8
Toplitzbach	27, 28	62, 65	q/r 7-8	
Toplitzbachbrücke	27, 28	62, 65	q 8	
Toplitzsee	27, 28	62, 65	s/t 7-8	
Törl, Tauplitz	97	120		Q 6
Torstein (2243 m)	153	186	ÖAV-Karte 15/3	
Toter Mann (2133 m)	153	186	ÖAV-Karte 15/3	
Tragln (2164 m) Gr. Tr.	144	175		R 1
Tranebenkogel (1815 m)	—	—		U 3
Traun, Altausseer	2, 16	35, 51	f 8 - g 11	
Traun Grundlsee	14	48	l 10 - g 11	
Trautenfels, Schloß, Museum	—			V 11
Traweng (1981 m)	143	174		Q 2
Tressensattel, 963 m	58, 58 a, 69, 100	86, 87, 99, 121	h 8/9	
Tressenstein (1201 m)	58, 58 a, 69	86, 87, 99	h 9	
Trisselberg, Trisselkogel (1755 m)	100	121	k 7	
Trisselwand, Gh. (970 m)	58, 69	86, 99	h 9	
Türkenkogel (1756 m)	117 a	148	q 11	
Untergrimming/Unterburg	—	—		S/T/U 11
Unterkainisch	67	97	g/h 12	
Untertressen	—	—	i 9	
Veit, Gh. Gößl	25-28	60-66	r 8	
VIA ARTIS Altaussee	5	37	f/g 7-8	
Bad Aussee	21	58	f/g 11	
Grundlsee	31	68	l 9-10	
VIA SALIS Altaussee	59	87	c/f 6-8	
Vordernbach-Alm (1129 m)	77	106	s 6	
Vorwerk	4, 58, 69	36, 86, 99	h 10	
Waldgraben, Ortsteil, Gh.	60, 70, 70 a	88, 100, 103	c 8	
Waldruhe, Gh.	14, 58	48, 86	i 10	
Warmer See	34, 67	68, 97		A/B 7

203

Name/Bezeichnung	Wanderziel Nr.	Seite im Wanderführer	Plan-Quadrat i. d. Karte Seite I	Seite II
Warschenek (2388 m)	153	186	ÖAV-Karte 15/3	
Wasner, Gehöft	—		f 11	
Wasnerin, Hotelpens.	20	56	f 11	
Wasserfall Grimmingbach	49	81		R 5
Pflindsberg	62, 70, 70 a	91, 100, 103	d 8	
Toplitzsee	27, 28	62, 65	s-t 7-8	
Zimitzbach	76	105	p 7	
Wassermannweg, Jakob-W.	8	42	e/f 8	
Weider (Weidach)	2, 16	34, 51	f 8	
Weißenbach, Ortsteil (916 m)	74, 110	104, 140	l/m 12	
Weissenbach-Alm	74, 117, 117 a, 117 b	104, 147, 148	o 11	E 2
Weißenbach-Brücke	30, 74, 84	67, 104, 110	k 10	
Werner-Bankerl Tpl.-Alm	138, 144-149	170, 175-180		Q 3
Wienern Grdls.	25	60	p 9	
Wiesen, Gh. Loser-Maut	7	39	d 5	
Wiesen, Gh. Lupitsch	8	42	c 9	
Wiesen-Lacke	104, 118	129, 149	s 2	
Wildensee	104, 105, 106, 118	129, 133, 136, 149	ÖAV-Karte 15/1	
Wildensee-Alm (1521 m)	104, 105, 106, 118	129, 133, 136, 149	n 0	
Wilder Gößl (2082 m)	119 c	157	s/t 2	
Wimm A.A.	9	44	e 9	
Wimm-Brücke	2, 9, 16	34, 44, 51	f 9	
Wimm-Trasse Zuf. n. A.A.	—	—	e 10 - f 9	
Winkler, Gehöft	51	82		Q 7
Woising (2064 m)	118 b	152	ÖAV-Karte 15/1	
Wörschach				Z 8
Wörschachklammstraße	93, 93 a, 151 b	116, 117, 184		Y-Z 6-7
Wörschachwald (1041 m)	93, 93 a	116, 117		U-X 6-7
Wörschachwalderhof Gh.	93, 93 a	116, 117		V 7
Wurzer-Alm	153	186	ÖAV-Karte 15/3	
Xandlwirt, Gh.	17, 68, 84	52, 98, 110	i 11	
Zand-Gedenkstein, Herbert Z.	37	71		E 7
Zauchen, Bad Mitterndorf	129, 137 a	162, 169		L/M 7-8
Zentralparkplatz Tauplitzalm	129, 129 a	162, 164		N/O 3
Zimitz-Alm (983 m)	76	105	q 6	
Zimitzbach	76	105	p/q 6-8	
Zimitzwasserfall	76	105	p 7	
Zinken, Ausseer Z. (1854 m)	113	144	WK FB 281	
Zlaim, Gh.	25	60	l 10	
Zlaim Reitschule	25	60	l 10	
Zlaim Sportzentrum	25	60	l 10	

Schutzhütten-Verzeichnis
Steirisches Salzkammergut und Umgebung
(Reihenfolge in west-östlicher Richtung)

Bitte erkundigen Sie sich vor jeder Bergtour am Ausgangsort nach den Öffnungszeiten der eingeplanten Schutzhütten. Vor allem im Frühjahr und im Spätherbst kann diese Vorsichtsmaßnahme lebensnotwendig sein.

Tourengebiet Schutzhütte	Inhaber	Unterkünfte Btt. unverb.	La. Ang.	Wz.Nr.	Wanderkarte Plan-Quadrat Seite I	Seite II	Weg Nr.
SANDLING							
Hütteneck, 1240 m	Priv.	6	23	101	WK FB 281		WW 201
Lambacherhütte, 1432 m	ÖAV		60	101	ÖAV-K 15/1		WW 201
SARSTEIN							
Sarsteinhütte, 1638 m	Priv.			112	—		692
TOTES GEBIRGE WEST							
Ischlerhütte, 1368 m	ÖAV	16	40	105		d 1	211, 226
Hochkogelhütte, 1558 m	TVN		70	105	ÖAV-K 15/1		211
Loserhütte, 1504 m	ÖAV	ges.	100	102, 104		g 6	WW 201
Loser-Bergrest., 1600 m	Loserges.			102, 104		h 5	WW 201
Wildenseehütte, 1525 m	ÖAV/SV		24	104, 106		n 1	WW 201
Albert-Appelhaus, 1638 m	ÖTV	40	70	104, 118		o 2	WW 201, 212, 234, 235
Henarhütte, 1596 m	TVN		20	118		o 2	235
Rinnerkogelhütte, 1473 m	Bergst. Bd. Ebensee		17	106	ÖAV-K 15/1		212
TOTES GEBIRGE MITTE / TAUPLITZALM							
Pühringerhütte, 1637 m	ÖAV	30	48	104/118 119-119 c		v 2	WW 201, 214
Welserhütte, 1740 m	ÖAV	90	50	104 118/119	ÖAV-K 15/2		215

Tourengebiet Schutzhütte	Inhaber	Unterkünfte Btt.	La. unverb.Ang.	Wz.Nr.	Plan-Quadrat Seite I	Seite II	Weg Nr.
Priel-Schutzhütte, 1422 m	ÖAV	52	150	104 118/119	ÖAV-K 15/2		WW 201, 260
Almtalerhaus, 714 m	ÖAV	30	50	104 118/119	ÖAV-K 15/2		215, 430
Karl-Hollhaus, 1595 m	ÖAV	64	14	129/137		O 3	WW 09, 218
Linzer Tauplitzhaus, 1645 m	ÖAV	67	20	129/137-139		P 3	218
Grazer Akademikerhütte, 1600 m	ÖAV/ATV	17	36	129/137-139		P 3	218
Tauplitzhaus, 1620 m	TVN	70	20	129/137-139		P 3	218, 272, 276
Steirerseehütte, 1550 m	TVN		10	144-149		Q 3	218
Marburgerhütte, 1650 m	SV Priv.		16	144-149		Q 3	218
Leistalmhütte, 1647 m	ÖAV		20	147-149		T 2	216, 218
Spechtenseehütte, 1055 m	ÖAV	6	25	93, 93 a, 151 b		W 7	279

TOTES GEBIRGE OST

Hochmölbinghütte, 1702 m	ÖTK	14	60	149, 151-153		Z 2	WW 09, 218, 281
Liezenerhütte, 1767 m	ÖAV		30	151, 152, 153			218, 283
Linzerhaus, 1371 m	ÖAV	70	50	153			WW 201, 218

Abkürzungen:
Btt. = Bett
La. = Lager

Anmerkung:
Die Angaben über die Betten und Lagerkapazität sind unverbindlich, da sie häufig geändert werden.

Die Seen und Lacken des Steirischen Salzkammergutes
in geografischer Ordnung von West nach Ost

lfd. Nr.	Name	Höhe ü.d.M.	Kartenseite I/II	Planqu. d. Karte	Wanderziel Nr.	WF-Seite	Anm.
1	gr. Leislingsee	830	I	a 8	70, 70 a	100, 103	
2	kl. Leislingsee	890	I	a 8	70, 70 a	100, 103	
3	Sommersberg-See	856	I	d 10	9, 10, 66	44, 46, 93	
4	Altausseer See	721	I	f/i 7-8	1, 3, 5, 6	30, 35, 37, 38	
5	Åstersee	722	I	i 6-7	1, 106	30, 136	
6	Augstsee	1647	I	h 5	102, 104	125, 129	
7	Augstwiesseelacke	1422	I	l 4	104, 106	129, 136	
8	Grundlsee	708	I	l/q 8-9	25-30, 74-78, 117-120	60-61, 104-107, 140-158	
9	Toplitzsee	718	I	s/t 7-8	27, 28	62, 65	
10	Kammersee	725	I	t/u 7	27, 28	62, 65	
11	Henarsee	1691	I	p 1-2	118-118 b	149-153	
12	Dreibrüdersee	1643	I	s 3	120	157	
13	Wiesenlacke	1830	I	s 2	104, 118, 119 c	129, 149, 157	
14	vord. Lahngangsee	1489	I	s/t 4-5	104, 119	129, 153	
15	hint. Lahngangsee	1495	I	t 4	119	153	
16	Elmsee	1620	I	v 2	104, 118, 119	129, 149, 153	
17	Ödensee	780	II	A 7	34, 67, 68	69, 97, 98	
18	Kalter See	770	II	B 6	34, 67, 68	69, 87, 98	
19	Warmer See	770	II	A 7	34, 67, 68	69, 97, 98	
20	vord. Finetsee	1537	II	FB, WK 281	—		Diese Seen liegen an keinem Wanderweg und werden nur der Vollständigkeit wegen angeführt.
21	hint. Finetsee	1537	II	FB, WK 281	—		
22	Karsee	1433	II	A 10	—		
23	Schwarzsee	1419	II	A 10	—		
24	Grüne Lacke	1324	II	A 10	—		
25	Neubergsee	1582	II	B 12	—		
26	Wildensee	1535		ÖAV-K 15/1	104, 106, 118	129, 136, 149	
27	Krallersee	1620	II	N 3	54	84, 85	
28	Märchensee	1575	II	O 2	54	84, 85	
29	Großsee	1569	II	O 2-3	54	84, 85	
30	Tauplitzsee	1604	II	P 3	54	84, 85	
31	Steirersee	1447	II	R 3	54, 138, 147, 148	85, 170, 178, 179	
32	Schwarzensee	1552	II	S/T 2-3	54, 138, 147, 148	85, 170, 178, 179	
33	Kampsee	1640	II	U/V 2	146-149	177-179	
34	Pötschlacke	1630	II	V 2	146-149	177-180	
35	Spechtensee	1046	II	W 7	93, 93 a, 151 b	116, 117, 184	
36	Leistensee	1122	II	V/W 8			

Quellennachweis:

Gebietsverband Steirisches Salzkammergut:
   Wanderführer Steirisches Salzkammergut, Auflage 1 bis 7
Karl Pilz **Salzkammergutführer**
Franz Stadler **Urlaub im Ausseerland**
Hannes Loderbauer **76 Salzkammergutseen**
Max Pressl O.Ö. Tagblatt **Aus dem Tourenbuch eines Ausseers**
Alois Mayrhuber **Künstler im Ausseerland**
Bergverlag Rother **Totes Gebirge** (L. Krenmayer – G. Rabeder)
Karl Antensteiner **Wandern und Bergsteigen in Hinterstoder**
Taschenbuch der Ostalpen Alpiner Verlag Wien
Luise und Günter Auferbauer **Schutzhüttenführer Steiermark**
Franz Hollwöger **Die Geschichte des Ausseerlandes**
Lily Rechinger **Die Flora von Bad Aussee**

Texte:
Erich und Monika Gaiswinkler in Zusammenarbeit mit dem Tourismusverband Salzkammergut/Stmk., den Verkehrsbüros und Kurverwaltungen des Steirischen Salzkammergutes, sowie mit Hr. Dr. Willi Senft, Graz, Dir. Alois Pürcher, Bad Mitterndorf, Fred Schwaiger und Horst Hechl, Tauplitz.

Fotos:
Titelfotos Herbert Pirker, Bad Aussee
Innenteil Erich Gaiswinkler, Alois Pürcher, Helmut Kain, Herbert Pirker, Ingrid Rastl, Fred Schlacher, Archivfotos des Tourismusverbandes und der einzelnen Verkehrsbüros, Ralph Tornow und Österr. Salinen/Werksfoto.

Druck und Lithographie:
Jost GesmbH. & Co, Liezen

Karte:
Kartografisches Institut Ing. Rolf Opitz, Innsbruck
Redaktionelle Mitarbeit Erich Gaiswinkler

Titelseiten:
vorne: Grimming bei Bad Mitterndorf/Tauplitz
hinten: Grundlsee mit Dachstein von der Gößler-Alm
Foto: Herbert Pirker

Zum Abschluß noch eine Bitte:

Wenn Sie nun, lieber Wanderer, einen Teil des hier beschriebenen Wegnetzes durchwandert haben, ist Ihnen sicher der eine oder andere Gedanke gekommen, was man noch ergänzen oder verbessern und vervollständigen müßte. Viele wertvolle Gästeanregungen konnten bereits berücksichtigt werden. Vielleicht haben Sie auch Schäden an Wegen und Markierungen entdeckt, die uns noch nicht gemeldet wurden. Dürfen wir Sie daher einladen, unser freiwilliger Mitarbeiter zu sein und uns diese Beobachtungen unverzüglich zu melden? Bitte lassen Sie es uns auch wissen, wenn Sie der Meinung sind, daß die angegebenen Gehzeiten zu kurz oder zu lang sind. Schreiben Sie Ihre Anregungen und Beanstandungen einfach auf den tieferstehenden Abschnitt und werfen Sie ihn beim Fremdenverkehrsamt (oder Kurverwaltung) Ihrer Urlaubsgemeinde des Steirischen Salzkammergutes in den Briefkasten. Oder geben Sie ihn einfach Ihrem Vermieter!

Kurzer Text der Anregung bzw. nähere Bezeichnung der beanstandeten Wegstelle, Wanderziel Nr. _____ lt. Wanderbuch.

Raum für die Eintragungen der absolvierten Wanderungen

Wegbeschreibungen und Eindruck von Gipfel-, Hütten- und Gasthausstempel bzw. Wanderbestätigungen. Wir bitten Sie nochmals, die erworbenen Punkte vor Abholung der Wandernadel **zu addieren!**

Datum	Wander-ziel Nr.	Route und Rückweg in Stichworten	Gehzeit in Std.	Punkte lt. Buch	Stempel bzw. Wanderbestätigung

Datum	Wander-ziel Nr.	Route und Rückweg in Stichworten	Gehzeit in Std.	Punkte lt. Buch	Stempel bzw. Wanderbestätigung

Datum	Wander-ziel Nr.	Route und Rückweg in Stichworten	Gehzeit in Std.	Punkte lt. Buch	Stempel bzw. Wanderbestätigung

Datum	Wander-ziel Nr.	Route und Rückweg in Stichworten	Gehzeit in Std.	Punkte lt. Buch	Stempel bzw. Wanderbestätigung

Datum	Wander-ziel Nr.	Route und Rückweg in Stichworten	Gehzeit in Std.	Punkte lt. Buch	Stempel bzw. Wanderbestätigung

Datum	Wander-ziel Nr.	Route und Rückweg in Stichworten	Gehzeit in Std.	Punkte lt. Buch	Stempel bzw. Wanderbestätigung